Beyond the Time of Words

Más allá del tiempo de las palabras

Beyond the Time of Words

Más allá del tiempo de las palabras

Poems by Marjorie Agosín

Translations and Foreword by
Celeste Kostopulos-Cooperman

Sixteen Rivers Press

This book was made possible thanks to the generosity of
the Wellesley College Huntington Fund
and the International Friends
of the Chilean Human Rights Commission.

Published by Sixteen Rivers Press
P.O. Box 640663
San Francisco, CA 94164-0663
www.sixteenrivers.org

LCCN: 2021948764
ISBN: 978-1-939639-28-8

Cover art: *Date with the Wind,*
Alexandra Rozenman, oil on canvas

Interior art: *Looking for a Place to Call Home,*
Alexandra Rozenman, watercolor and collage on paper

Design: Carolyn Miller

A todas las víctimas alrededor del mundo
que han padecido por la pandemia del Covid 19,
a los que han sobrevivido con el deseo de crear
un futuro noble y justo,
y a la memoria de Elena Gascón Vera,
querida amiga y mentora

To all the victims throughout the world
who have suffered during the Covid 19 pandemic,
to those who have survived with the will to create
a just and noble future,
and in memory of Elena Gascón Vera,
beloved friend and mentor

— Marjorie Agosín/Celeste Kostopulos-Cooperman

Contents

SANTUARIOS / SANCTUARIES

Foreword

Marjorie Agosín is undoubtedly among the most prolific writers of her generation. Her passionate commitment to human rights and her sensitivity to the precarious and often unpredictable nature of the human condition are the corollaries of a lifelong search for empathy and justice in a world that continues to marginalize, and in extreme cases, disappear those who are perceived as frail and vulnerable. Both her early and recent poetry reveal a deeply introspective writer of social conscience who acknowledges the power of language to uplift the soul and transcend the chasms that exist in communities polarized by economic and racial disparity, political oppression, hopelessness, and despair.

For this descendant of European immigrants who fled the pogroms of czarist Russia and Nazi Germany, writing has always been a fundamental way to both illustrate and connect the threads that bind us all collectively into a tapestry of shared humanity. Perhaps it is for this reason, during a time in which a pandemic continues to ravage the world, that the poet mindfully selects words that have been sheltered within the chamber of her soul in order to offer comfort, consolation, and encouragement to those who are in most need of solace. The beauty of her poetry lies in its profound capacity to transcend the physical and transport us to a realm of infinite possibilities where dreams can flourish and connect us with our deepest emotions. While Agosín acknowledges that many seek refuge within the limited confines of familiar places, she observes that "it is time for renewal / A time to believe in what one imagines."

Although echoes of the Holocaust continue to permeate her verses, not so much as a source of irreconcilable grief but as a way to guide her through the dark and fragile crevices of memory, Marjorie Agosín remains committed to reconstructing and recovering from oblivion the lives of individuals who could not escape the sinister darkness of a seemingly distant past. Images of weeping trains, concentration camps, and lives cut short haunt her dreams, but they also give her the fortitude to face a past that was often cruel and unforgiving. Despite all this, her language is hopeful. She finds sanctuaries where others only find heartache, and she searches for words that have been blessed with "the gift of prudence . . . that do not punish but forgive."

In this collection of poems, the darkness is the keeper, the guardian of secrets. It should not be feared. Nightfall is a mysterious time of heightened awareness where the souls of the dead commune with the poet and remind her that every shadow brings us closer to the light. This is a recurring theme in Agosín's poetic oeuvre that is often conveyed by women of flesh and blood like her beloved Delfina, who appears in a mist-drenched landscape to assure her that oblivion never exists for those who remember; or by figures like the mythological Greek goddess Persephone, who personifies rebirth and hope before the mystery of mortality and the persistence of passing time.

Marjorie Agosín and I have collaborated on several projects throughout the past three and a half decades, and as familiar as I am with her work, I am still struck by the profound simplicity of her writing aesthetic and by the power of her lyrics to transport us to places in the heart. Her work highlights a need to embrace a collective vision of humanity that rejects the notion of physical barriers and urges her readers to acknowledge the common threads uniting us, despite our racial and ethnic differences and the socioeconomic disparities existing between us. In her poem inspired by the American poet Elizabeth Bishop, Agosín creates a metaphorical home without a roof and walls, open to "the pure at heart / Who are not afraid to dream."

The verses that appear in this volume were written and shared during a time of deep reflection and humanity. As the pandemic continues to remind us of the uncertainties in life and the frailty of the human condition, Marjorie Agosín's poems urge us to never underestimate the power to imagine, and to nourish our hopes and dreams for a world without borders, "beyond time and words," where everyone is able to bask in the luminosity of a magnificent sunrise and plan for a brighter and better future.

—Celeste Kostopulos-Cooperman
Professor emerita, Suffolk University
Boston, Massachusetts
March 2020–March 2021

Preface

During times of shadow and incomprehensible darkness, poetry is always an ally. It is a source of refuge, a magical space where one can decipher the unfathomable. I have always believed that literature is a companion of goodness and of innocence. It accompanies and helps us to find ourselves. Perhaps we all write to better understand ourselves, to understand the ambiguity of passing time and of our humanity, and to survive grief and betrayals. Sometimes, literature becomes an almanac of our days, a mysterious path that brings us to a place of meaning, to what we long for and what we miss.

In March 2020, when the world abruptly changed due to the fierce arrival of the pandemic, I bid farewell to my students at Wellesley College and retreated from the world, drawing closer to what I love and sustains me: poetry. I began to write it daily.

The poems seemed to evolve and intuitively write themselves, as if they wanted to recover what all of us had lost—above all, the human touch and the freedom to gather and embrace in the spirit of community. Through these moments of deep darkness, literature consoled me, as it represents an extraordinary source of knowledge that touches the soul. The poems in this collection were born in the interiority of a desolate time. They accompanied me every day, and they began to take shape in the middle of a raging pandemic. They appeared before me like a cartography of the days of the world in the middle of a virus that infringed on our fears and vulnerabilities and has held us captive until today.

Summer came, nature was majestic as always, the sky became clearer, and the swans returned to Venice. But we were still confined and confused. In the face of this reality, some of us found refuge in music, in the kitchen, in shopping online or not buying anything at all. Many of of us lived in the austerity of the moment and in the abundance of what we were before.

When winter arrived, I deeply felt that this collection of poems was ready to be shared with others. The pandemic brought us darkness, but it also gave us light: the light of understanding, the possibility to live more deeply with ourselves, the desire to not fill the world with material objects, but to want to create, and to be and to search for beauty in the everyday. Moreover, it brought me the fortune of sharing these verses with Celeste Kostopulos-Cooperman, my translator, colleague, and close friend. When I was writing them, I didn't feel alone. I would send them to her, and we would refine them together. This collection is a testimony to the great friendship that has brought us even closer together in these unsettling times.

As I write this preface, we are entering a winter of great unrest, but also one filled with hope. This time of the year makes us withdraw more into ourselves and to contemplate ourselves. This is also the function of poetry and of magic: to enter a dark room and to feel the rays of light that slowly appear.

During all these months, I wanted to feel alive. I wanted to dream about a possible future and to think about the friends I would visit after the pandemic and who were waiting for me in nearby places. I wanted to become more familiar with my surroundings and to discover the small towns along the coast of Maine where these poems were written while I looked at the world through my window, which was the harbor that waited for me every morning. As I gazed at the natural world beyond the windowpane, I began to understand the rhythms of the trees and the falcons, the sea during the four seasons, and most of all the presence of a powerful surf that has accompanied me all this time. The proximity of the Atlantic Ocean seemed to transport me to the ocean of my childhood, to the Pacific and my blue country in the Port of Valparaiso, Chile.

These poems emerged as rays of light, as stardust passing through a time of darkness. As I wrote them, I wanted to feel the fullness of life because this is what our human condition represents. I wanted to erase the fear and recover the light that resides in each of us. I humbly deliver these verses, which attempt to cleanse and mend the world.

—Marjorie Agosín
Wellesley, Massachusetts/Ogunquit, Maine
March 2020–March 2021

The Clarity of Innocence

La claridad de la inocencia

Aún

La claridad de la inocencia,
El sol que hechiza los prados,
La lluvia con su música entre los
Cristales rotos.
Más allá de la lejana arquitectura de la memoria
La niebla que se levanta sobre las sombras.

Una ilusión de un futuro incierto,
Un deseo de lo inefable.

Una maleta infinita
Con una brújula
Con las fotografías de nuestros muertos.
Los vivos de siempre
Los que brindan una mano generosa.

Un espejo que obstruye el tiempo
Con las noches transformadas en días,
Con los días plenos de horas inocentes,
Con sueños de la felicidad efímera.

Aún el anhelo por
La música tenaz,
Un chelista con manos de bosque,
Un violín acompañando el corazón salvaje del viento.

But Still

The clarity of innocence,
The sun casting its spell on the meadows,
And rain making music on
The broken crystal.
Beyond the distant architecture of memory
Mist rises over the shadows.

An illusion of an uncertain future,
A desire for the ineffable.

An infinite suitcase
With its compass
And photographs of the dead
And the living
Who always extend a generous hand.

A mirror that obstructs the flow of time
With nights transformed into days,
And days filled with innocence
And dreams of ephemeral happiness.

A desire for
Persistent music,
A cellist's arched hand,
A violin accompanying the wild heart of the wind.

Italia canta desde los balcones.
Una mujer saluda entre las melodías
La luna acaricia su cabello.

Los silencios se despiertan con los saludos,
El gesto de la ausencia es una presencia.
Han florecido los jacintos y
Una niña ha nacido en la casa vecina.

Aún las tejedoras
Cuentan historias tejiendo leyendas con
La lana para cobijarse de la soledad.
Tejen y destejen y
De la escasez hacen maravillas,
Repiten el gesto de Penélope.

Al amanecer,
Aún una mano se te acerca
Tiernamente busca la tuya
Como un universo de pétalos,
Un umbral en tu mirada.

A la luz de la luna
Cuando toda otra luz pareciera guardarse,
La luna diáfana
Te promete una ilusión sin duda.

In Italy they sing from the balconies.
A woman greets others amid the melodies
As the moon caresses her in its radiant embrace.

Silences are awakened by greetings,
The absence of gestures becomes a presence.
The hyacinths have bloomed and
A child is born in the house next door.

The weavers continue
Telling their stories by knitting
Wool to shelter themselves from the solitude.
They weave and unweave
And repeat Penelope's gesture,
Making wonder from scarcity.

In the early light of day,
A hand approaches you tenderly,
Searching for your grasp
Like a universe of petals,
A threshold in your gaze.

In the moonlight
When all other light seems to hold back,
The diaphanous moon
Promises you, no doubt, an illusion.

Y las palabras,
Las imaginarias, las secretas,
Las olvidadas, las rescatadas,
Y las que huelen a lavandas,
Aún las palabras cuentan historias de amor
Las que no se leen en voz alta,
Sino en la desnudez
De un amor clarividente.

Un lápiz en la oscuridad,
La magia de las palabras sobre
Una página luminosa que
Te ha estado aguardando.
La luz entre los dominios de la noche
Cuando sujetas al mundo entre tus manos.

And the words,
The imaginary, secret,
Forgotten, and rescued words
That smell of lavender,
Still tell love stories
That are not read aloud, but are expressed
In the nudity of a clairvoyant love.

A pencil in the darkness,
The magic of words on a luminous page
That has been waiting for you.
A guiding light between the lines
When you hold the world in your hands.

Geografías

I
Hemos aprendido a viajar
No tan lejos de casa
A los pequeños pueblos que apenas
Se asoman en los mapas.
El mundo se nos vuelve aún más pequeño
Y a la vez grandioso.

Salimos temerosos por puertas dislocadas.
Buscamos espantar a la oscuridad
Donde encontramos milagros.

II
Somos frágiles y temerosos ante la luz.
Por cierto, veo en los atardeceres un bosque frondoso
Con aromas a castañas, a avellanas, y
En una casita imaginaria y verdadera
Una luz me aguarda,
Una mujer borda palabras
Y adorna al mundo con ellas.

III
Hemos aprendido a no pensar en el tiempo del futuro
Ni del pasado con todos nuestros errores, con nuestras nostalgias.
Pienso en mi padre quien me aguarda entre las fogatas de la foresta
Donde me espera entre los fantasmas.

Geographies

I
We have learned to travel
Not too far away from home
To small towns that barely
Appear on maps.
The world becomes even smaller
And at the same time magnificent.

We leave anxiously through dislocated doors,
Seeking to chase away the darkness
Where we find miracles.

II
We are fragile and fearful before the light.
To be sure, I see a lush forest in the late afternoons
With scents of chestnuts and hazelnuts, and
In a real and imaginary little house
A light awaits me,
A woman embroiders words
And adorns the world with them.

III
We have learned not to think about the future
Or of the past with all our mistakes and nostalgias.
But I think of my father who waits for me amid the campfires and
The ghosts of the forest.

IV

Hemos aprendido a guardarnos como si fuéramos
Las agujas en los viejos costureros.
Atemorizadas de herirnos,
Nos resignamos a las sombras movedizas.

Vivimos encerrados en casas clausuradas
En mundos tan pequeños
Y sin embargo, podemos pensar en el jardín que
Florecerá pronto,
En las semillas que serán flores
En las palabras que serán adornadas por una nueva luz.
Es el tiempo del aún,
Es el tiempo de creer en lo que se imagina.

IV

We have learned to shelter ourselves as if we were
Needles in old sewing boxes.
Fearful of wounding ourselves,
We resign ourselves to the moving shadows.

We live locked up in sealed houses
In worlds that are so small
And yet, we can still think of a garden that
Will blossom early,
Of the seeds that will become flowers
And the words that will be adorned by a new light,
For it is time for renewal,
A time to believe in what one imagines.

Pensar en los anhelos

Pensar en los anhelos. Bordar instancias, memorias que se esbozan en la pequeña abundancia de los tiempos. Pensar en el tiempo sin premura.

Pensar en el tigre que ronda por las bibliotecas y que se detiene en el sueño de Borges y que es ahora tuyo. ¿Será éste el gran sueño de un tigre vigilando la entrada y la salida de las bibliotecas ancestrales y las nuestras? ¿Seremos todos el gran sueño del ahora que aún no despierta?

Acércate a las hojas pasajeras y errantes de los libros, y en la soledad de las horas, conversa con los que te sabrán escuchar. Busca el anhelo en las palabras pacientes que te han estado aguardando en este tiempo de la quietud, en este tiempo donde todo pareciera esperar en una madeja de incertidumbres. Ya no tienes prisa. No hay donde ir, ¿cierto?

Think About Illusions

Think about illusions. Embroider moments, memories that insinuate themselves in the brief abundance of time. Think about time without haste.

Think about the tiger that roams around libraries and pauses in the dream that once belonged to Jorge Luis Borges but now is yours. Could all this possibly be the big dream of a tiger guarding the entrances and the exits of ancient and modern libraries? Could we all perhaps be the big dream of a here and now that has not yet awakened?

Approach the fleeting pages of these books, and in the solitude of passing time, speak with those who will know how to listen. Search for illusions in the patient words that have been waiting for you in this moment of stillness, where everything appears to meander in threads of uncertainty. You are no longer in a hurry. Isn't it true there is nowhere to go?

La claridad errante del tiempo

Pensar y repensar en la claridad errante del tiempo.
Pensar en los anhelos y
En un amor que
Aguarda más allá del mar.

The Drifting Clarity of Time

Think and reflect on the drifting clarity of time.
Think about illusions
And a love that
Awaits beyond the sea.

Más allá del tiempo de las palabras

Más allá del tiempo y las palabras
La bruma disipando las formas,
Crepitando entre los umbrales,
Siempre la niebla hechicera,
Invitada inoportuna y a destiempo.

El pasar de un tiempo sin tiempo,
Un silencio sin ecos.
El terror a los espejos y a nosotros,
Viajamos entre las sombras
Y la confianza de lo conocido
Que es lo desconocido.

Más allá del tiempo y las palabras
En el reverso de la escritura muda,
Asombros. La vida en sí.
En la claridad fugitiva del ocaso:
Una mujer dando a luz.

Beyond the Time of Words

Beyond the time of words
The mist dissolves forms,
Curling between the thresholds
Like an ill-timed and
Unwelcome sorceress.

The passage of time without time,
A silence without echoes.
Dreading mirrors and ourselves,
We travel among the shadows
And a trust of the known
That is unknown.

Beyond time and words
On the other side of silence,
A universe of astonishment. Life itself.
In the fugitive clarity of twilight:
A woman giving birth.

Un jacinto

Un jacinto tímido e inocente intenta
Desprenderse de la tierra anochecida.
Saluda y regresa al tiempo
Del desnudo despertar.

En los campos, las mujeres
Amamantan a sus hijos y cantan.
En el cuarto oscuro,
Dos se besan.

En este día que es noche
Un sólo asombro . . . la vida.

Un mediodía azul lleno de mar,
Una sonrisa como un jacinto asomándose
Entre los sedimentos de la oscuridad.
La muerte no es un misterio
Es tan sólo la vida.

A Hyacinth

A shy and innocent hyacinth tries
To free itself from the dark earth.
It greets the sun and returns
To the time of bare awakening.

Women breastfeed their children
And sing in the fields.
In a dark room,
Two people kiss each other.

On this day that is night
The only wonder is life.

A blue afternoon full of the sea,
A smile like a hyacinth emerging
Among the sediment of obscurity.
The mystery is not death
But life itself.

Bella

En este lejano invierno cuando
Las sombras señalan lo invisible,
Cuando las viejas linternas
Iluminan la escurridiza luz,
Me encuentro contigo mi hibisco,
Leal y noble, como la bondad del tiempo.

Un hibisco trasplantado y en el exilio,
En un país incierto,
En un clima ajeno,
Donde la tierra no sonríe.

En febrero floreciste a la medianoche
Entre las brumas y las sombras
Cuando te descubrí abierto como el amor
Que nada esconde, que es generoso
En los jardines sombríos
De las noches del mundo.

Te di el nombre, Bella,
Para agradecerte por este instante de felicidad,
Por florecer a destiempo,
Por aceptar las imperfecciones de la sombra,
Y por no abandonarme
Ni ser parco en tus silencios.

Bella

In this distant winter when
The shadows reveal what is invisible,
When the old lanterns
Illuminate the elusive light,
I am with you, my beautiful hibiscus,
Noble and loyal, like the kindness of time.

A hibiscus, transplanted and in exile,
In an uncertain land
And a foreign climate
Where the earth does not smile.

You bloomed at midnight in February
Amid the mist and the shadows
Where I discovered you, open like
A generous love, hiding nothing
In the shadowy gardens
Of a world immersed in darkness.

I gave you the name Bella
To thank you for this instant of happiness,
For blooming at the wrong time,
For accepting the imperfections of the shade,
And for not abandoning me
Or being spare with your silences.

Te miré con ternura, como se mira a la belleza,
Diciéndote que quiero siempre vivir a tu lado.
Me hablaste de tu fragancia y de tu color como el sol,
Como la luz que llevamos dentro.

Te miré por un largo tiempo,
No quise irme de tu lado,
Mientras me llevaste hacia lo más alto
De la alegría.

I looked at you tenderly, as one gazes at beauty,
Telling you that I always want to live by your side.
Your fragrance and your radiance
Made me aware of the light residing within us.

I looked at you for a long time,
Not wanting to leave your side,
While you carried me to the
Height of happiness.

Despertares

I

El sol amaneció en tus ojos.
Aún estaba la luz en tu mirada.
El día se acomodaba al despertar,
Y tú querías entrar en una nube
Mientras yo contemplaba tu despertar.

II

Fueron sabios nuestros cuerpos
En el arte de la espera.
Sin prisa se reconocieron y
Comenzaron a encontrarse
Como las ramas de los árboles
De los bosques,
Entrelazándose en
Las primaveras tardías.

III

No éramos ni jóvenes ni ancianos.
Éramos el espejo que anticipaba nuestra mirada,
El rostro que añorábamos dibujar.
Éramos un diario de vida entre nosotros y nadie más.
El mundo nos encontró y nos regaló un portal.

Awakenings

I
The sun awakened in your eyes.
The light was still in your gaze.
The day was settling into the dawn,
And you wished to enter a cloud
While I contemplated your awakening.

II
Our bodies were wise
In the art of waiting.
They acknowledged each other
Without haste,
And they began to unite
Like tree branches in forests,
Intertwined
In the tardiness of springtime.

III
We were neither young nor old.
We were the mirror that anticipated our gaze,
The face we longed to draw.
We were a diary of life between us and no one else.
The world found us and gave us a portal.

Jardín de invierno

Este invierno
Descubrirás tu voz
Bordando palabras.

Este invierno,
Cuando contemplamos las hendiduras de las sombras
Cuando los anocheceres se confunden con los despertares,
Volverás a buscar lo que los rescoldos confieren,
Lo que la oscura ceniza y sus fuegos brindan.

En estos tiempos sin tiempo
Me recojo en la quietud donde
Cuido mi jardín de invierno y
Contemplo el silencio y la paz
De lo que vendrá:
Un bosque florido.

¿Habrá un ramo de amapolas en este jardín del invierno?
¿Abrirás tus portales para imaginar las horas más largas,
La llegada de la luz huidiza?
¿Encontrarás aquel instante para amar
A tus manos que bordan historias?
¿En este tiempo de silencios, hablarás con los muertos?

Winter Garden

This winter
You will discover your voice
Embroidering words.

This winter,
When we contemplate the crevices of the shadows
And nighttimes are confused with awakenings,
You will return to find what the embers confer,
What the dark ash and fires provide.

In these timeless times
I take comfort in the stillness where
I tend my winter garden and
Contemplate the silence and the peace
Of what is to come:
A forest in bloom.

Will there be a bouquet of poppies in this winter garden?
Will you open your portals to imagine the longest hours,
The arrival of fleeting light?
Will you find that moment to love
Your hands, which weave stories?
In this time of silence, will you speak with the dead?

Se entregó la noche a la lluvia

I

La lluvia se entregó a los cristales,
A los techos desvanecidos.
Llegó sutil, pequeña,
No quería despertar el corazón del cielo,
El deslumbre de la noche.

Llegó la lluvia para acompañar a los solitarios,
A los náufragos, y a los poetas
Que sólo escriben en la noche.

II

Llegó la lluvia para ampararnos
Nos cubrió de azul
Con una melodía que parecía
Viento. Agua. Murmullo y canto.

Rompiendo los silencios
Entre los violines y los oboes del bosque,
La lluvia nos hablaba
De todas nuestras ausencias y
Sombras clarividentes.

III

Llegó la noche al umbral de mi ventana.
No le pregunté por ti. Tan sólo
Si había visto a mis muertos,

The Nightfall Surrendered to the Rain

I
The rain surrendered itself to the windowpanes,
To the faded rooftops.
It arrived gently and quietly,
Not wishing to stir the heart of heaven,
The shimmering signs of nightfall.

The rain appeared in order to accompany the solitude,
The castaways, and the poets
Who only write at night.

II
The rain arrived to shelter us
With its blue essence,
With its melody that resembled
The wind. The water. A murmur. A song.

Breaking through the silence
Amid the violins and oboes of the forest,
The rain spoke to us
About absences and
Clairvoyant shadows.

III
The nightfall arrived at my windowsill.
I didn't ask about you, but only wanted to know
If it had seen my dead loved ones,

Si había reconocido sus gestos,
Si los vio tan solos o era tan sólo mi soledad
Que se asomaba al balcón para oírla,
Para acercarse a ella y
Empapar mi rostro con sus lágrimas.

Tan sólo la lluvia como un río
Danza sobre los tejados
La lluvia que nos visita
En esta noche tan larga como un siglo.

If it had recognized their gestures,
If it had only seen them or was it just my solitude
That peered from the balcony to hear the rain,
To approach it and soak
My face with its tears.

Just like a river, the rain
Dances on the rooftops
And visits us
On this night as long as a century.

Perder cosas

Fui sabia en el arte de perder cosas.
Elizabeth* me enseñó a escribir sobre
Las ausencias
Cataratas
Ciudades
Países
Amantes errados.

De tanto perder cosas,
Me construí una casa que
No tenía techo sino cielo que
Me enseñaba a nombrar las estrellas,
Me custodiaba mi sueño y
Guardaba la textura de mis insomnios.

No tenía paredes, pero los libros reales e imaginarios
Me protegían de los intrusos,
Me cuidaban en las noches incautas
Y construían respaldos. Refugio.

Mi casa no tenía puertas.
Tampoco tenía llaves porque
Ninguna llave era capaz de abrir el alma.
La puerta que velaba por mí era la de un jardín interior
Al que tan sólo yo tenía acceso.

Losing Things

I was wise in the art of losing things.
Elizabeth* taught me how to write about
Absences
Waterfalls
Cities
Countries and
Misguided loves.

From so much loss,
I built myself a house that
Had a sky in place of a roof
To watch over my dreams
And teach me to name the stars
While preserving the texture of my insomnia.

It didn't have walls, but its real and imaginary books
Protected me from intruders
And cared for me on careless nights,
Providing me with shelter.

My house didn't have doors or keys
Because no key
Could open the soul.
The door that watched over me was to an interior garden
That only I could enter.

Mi casa tampoco tenía muebles.
Mi cama era un colchón de hojas siempre otoñales,
Siempre doradas y bellas.
Descansaba mi cabeza en una almohada de poemas.

En el living, un gran piano
Imaginario y solemne
Con la música de mi padre:
Partituras de pianos y oboes.
Y todos los del más allá y los de acá
Acudían a las memorables veladas musicales
Donde un viento sublime presidía la orquesta.
Mi casa no tenía espejos ni prendas.
Aprendí a llevar mi desnudez con una suave vulnerabilidad.
Además, los espejos siempre nos distorsionan y
Era mejor sentirme entre las nieblas.

Un prado interior
Un jardín secreto
Una vida en una comunidad imaginada.
De tanto perder cosas
Me construí una casa abierta para todos,
Un lugar sin tiempos, sin relojes
Y sin dueños,

My house also had no furniture.
My bed was composed of a mattress of autumn leaves,
Always beautiful and golden.
And my head rested on a pillow made of poems.

An imaginary and solemn
Grand piano in the living room
Filled the house
With my father's music:
Scores written for piano and oboe.
Those from the beyond and from the here and now
Attended memorable musical evenings
Where a sublime wind presided over the orchestra.
There were no clothes or mirrors in my house.
I learned to wear my nakedness with a soft vulnerability.
Besides, mirrors always distort
And it was better to feel myself in the mist.

An interior meadow
A secret garden
A life in an imagined community.
From so much loss
I built myself a house open to all,
A timeless and enduring place
That belonged to everyone,

Una casa imaginaria
Sin una geografía precisa,
Para los inocentes que
No temen en los sueños.

*Elizabeth Bishop, poeta americana (1911–79)

An imaginary house
Without a precise geography,
For the pure at heart
Who are not afraid to dream.

*Elizabeth Bishop, American poet (1911–79)

Proserpina

I
Eras tú la contadora de relatos
Los que se desvanecían,
Los que llegaban según
El fervor del viento,
Los que se posaban entre los olivos y
Susurraban historias indefinidas, precisas, olvidadizas.

II
Proserpina,
Como una sombra
Como un eco
Como una desquiciada historia de amor.
Como el rapto de una mujer
En un momento de felicidad.

III
Proserpina amaba las amapolas
El olor de las noches húmedas
La llegada de la luz.
Pero se la llevaron a la oscuridad
Donde habían tan sólo fuegos y cenizas.
Se la llevaron a la oscuridad sin las promesas del azul.
Se la llevaron al perverso cuarto oscuro
Donde tantas de nosotras habitamos.

Persephone

I

You were the storyteller
Of tales that faded
And arrived according to
The intensity of the wind,
Of tales that rested among the olive trees and
Whispered undefined, precise, and forgettable stories.

II

Persephone,
Like a shadow
Like an echo
Like a crazy love story
Of a woman abducted
In a moment of happiness.

III

Persephone loved poppies
The scent of humid nights
And the arrival of light.
But they took her to the darkness
Where only fire and ash existed.
They carried her off to the darkness without the promise of blue light.
They carried her off to the perverse dark rooms
Where so many of us reside.

IV

¿Te condenaron igual a la pobreza
Como Proserpina?
¿Te maltrataron en los cuartos de atrás
Donde te hicieron servil y siempre silenciosa?

V

Proserpina regresaba y era feliz
Recogiendo canastas de luz mientras
La oscuridad se volvió azul.

IV

Were you also condemned to poverty
Like Persephone?
Did they mistreat you in the back rooms
Where you became servile and always silent?

V

Persephone returned and was happy
Gathering baskets of light while
The darkness turned blue.

Delfina

I

Desciende la niebla sobre las colinas
Y diluye las formas.
Pareciera haberse extraviado del horizonte.
Busca entonces su propio paisaje y tú estás,
Delfina, toda hecha de humos.
Ni la muerte te alejó de mí.

II

Todo en ti queda en
La fugacidad del otoño
Y en las formas indefinidas del amor.
Te acercas, me hablas de la otra orilla
Del país del sueño claro.
Me anuncias que no hay muerte ni olvido.

III

Me aseguras que el mundo siempre trae devastadoras noticias,
Que la nobleza se puede transformar en perversa oscuridad.
Me aseguras también que la mejor guía son las estrellas:
La cruz del sur y la osa menor
Que los vientos son los verdaderos mensajeros,
Que la noche se brinda ante el amanecer.

IV

Me has traído un cántaro de agua
A desafiar la muerte que nunca llega
Porque hay memoria,

Delfina

I

The mist descends from the hills
And dilutes forms.
It seems to have strayed from the horizon
While searching for its own landscape, and there you are,
Delfina, rising from the haze.
Not even death could keep you from me.

II

Everything about you remains
In the transience of autumn
And in the indefinite forms of love.
You approach and talk to me from the beyond
About the land of clear dreams.
You tell me there is no death or oblivion.

III

You assure me that the world is always full of devastating news,
That nobility can be transformed into a perverse darkness.
You also assure me that the best guides are the stars:
The Southern Cross and the Ursa Minor constellation.
That the wind is the true messenger,
That the evening provides before the dawn.

IV

You have brought me a pitcher of water
To defy death, which never arrives
Because there is memory,

Hay nobles pasiones y tormentas de agua viva,
Delfina amada.
Te recojo entre mis manos.
Hueles a yerba y a claveles.
Me adormezco entre tus brazos
Y regresas a mí.

There are noble passions and storms of living water,
My beloved Delfina.
I hold you in my hands.
You smell of yerba mate and carnations.
I fall asleep in your arms
And you return to me.

Echoes in the Shadows

Ecos en las sombras

La memoria de las palabras

¿Cómo será la memoria de ciertas palabras,
Las que pronunciábamos frente al oleaje
Para que tan sólo el mar nos escuchara?

¿Tendrán texturas las palabras que despiden a los muertos?
¿A los antiguos amantes que tal vez nunca lo fueron?
¿Tendrán sedimentos las palabras que aprenden a dejar ir
A perderlo todo con tan sólo una palabra bordada
En el vasto silencio del amor?

¿Y las palabras del amor?
¿Las que tan sólo tienen un alfabeto para dos?
¿El que dice decires del amor?
¿El que recibe los decires del amor?
¿Y para el desamor?
¿Con qué palabras hablar de una fugacidad errante?

¿Tendrán miradas las palabras del desamor?
¿Cómo será la memoria de las palabras no dichas,
Las temerosas, las ocultas, las inciertas, y
Las que hieren y no se ausentan?

¿Cómo será la memoria de las palabras dichas en silencio?
¿Se entregarán al precipicio de un tiempo quebrado,
A un tiempo entre las sombras?

The Memory of Words

What will the memory of certain words be like,
The ones that we pronounced facing the waves
So that only the sea could hear us?

Will the words that say farewell to the dead have texture?
What about the ones spoken to old lovers who never were?
Will those who learn to let go leave behind
Sediments of loss embroidered
In the vast silence of love?

And what about the words of love,
Those that share only an alphabet for two,
For the one who gives and
The one who receives them?
And for heartbreak?
What words can talk about the changing nature of love?

Will the words of heartache have a certain appearance?
What will the memory of the unspoken words be like?
Those that are fearful, hidden, and uncertain, that hurt
And do not go away?

What will the memory of words spoken in silence be?
Will they surrender themselves to the precipice of a broken time,
A time among the shadows?

Tal vez

I

Tal vez fue en septiembre
Cuando ella mandaba postales con señales en sepia
Como las hojas caídas
Tocando las sombras.

II

¿Podría haber sido en Noviembre?
Tan sólo nos refugiamos en el no saber, y
En el ritmo de los silencios.
De pronto llegó otra postal raída
Sus letras crípticas diciendo
Que donde estaba hacía tanto frío,
Un frío parecido a los ruidos de la muerte.

III

Seguro que no fue en el verano cuando el mar
Parecía un jardín azul y la arena una memoria remota,
Como los relojes ausentes.
No fue en aquel verano cuando nadie nos dijo nada.

IV

Ya no indagábamos por los meses del año
Tan sólo el nombre del campo donde
Se la llevaron.
¿Habría traido una frazada?
¿Un papel para escribir sus sueños?
¿Podría haber ido a un correo cercano?

Perhaps

I

Perhaps it was in September
When she sent the sepia-toned postcards
Resembling fallen leaves
Scattered among the shadows.

II

Could it have been in November?
We seek refuge only in not knowing
And in the rhythms of silence.
Another torn postcard suddenly arrived
With a cryptic message saying
That it was so cold where she was,
A cold that seemed like a death rattle.

III

For sure it wasn't in summer when the sea
Resembled a blue garden and the sand a distant memory,
Like absent clocks.
It wasn't during that summer when no one told us anything.

IV

We no longer inquired about the months of the year,
Only about the name of the camp where
They took her away.
Did she have a blanket? A piece of paper
For writing about her dreams?
Could she have gone to a nearby post office?

V

Regresaron los meses y las estaciones.

No anhelábamos nada,

No anticipábamos.

Llegó septiembre y

Las hojas desnudas cayeron desordenadas.

VI

La vida se había vuelto incauta.

No habían compases para guiarnos.

Una carta llegó que decía que

Murió en diciembre,

Mientras la obligaban a caminar

En esa marcha de la muerte.

Ya los zapatos se le habían deshecho

Como el corazón.

VII

Mientras camino en medio de la nieve

Yo sé que ella rezó sola

Y repitió su propio Kadish.

VIII

Aún no tengo señales de ella,

Ni en el mar que nos circunda,

Ni en las estrellas.

Pero a veces aparece en mis sueños

V

The months and seasons returned.
We didn't desire anything,
We didn't anticipate.
September arrived and
The naked leaves fell in disarray.

VI

Life had become thoughtless.
There were no compasses to guide us.
A letter arrived, telling us that
She died in December,
When they made her walk
In a death march
With her shoes already torn
Like her heart.

VII

While I walk in the snow
I know she prayed alone
And recited her own Kaddish.

VIII

I still don't have signs from her,
Not in the sea that surrounds us
Or in the stars.
But sometimes she appears in my dreams,

Una visionaria llena de amor,
Que me besa la frente
Y me pide que no la olvide.
Ahora no pienso en las estaciones,
Dibujo ausencias.

A visionary filled with love,
Who kisses my forehead
And asks me not to forget her.
As I cease thinking about the seasons,
I draw absences.

¿Dónde comienza el dolor?

I

¿Dónde comienza el dolor?
¿Entre el residuo del abandono,
En los espacios de un amor irreverente?

II

¿Dónde reside la luz?
¿En la voz de nuestras miradas,
En el chiaroscuro de las sombras?
¿En el silencio que acontece
Dentro de las palabras no dichas?

III

¿Será la ausencia parecida a la levedad de la presencia?
¿Rumor de un mar iracundo,
Rumor de un viento que murmulla?

IV

¿Dónde reside la calma?
¿En la distancia de lo vivido,
En la levedad de un instante,
O tal vez en la dulce resignación de lo que es?

V

¿Dónde habitan las puertas y las ventanas
Que se abren y se cierran primero?
¿Cómo se guarda la memoria del atardecer?

Where Does Sorrow Begin?

I
Where does sorrow begin?
In the residue of abandonment,
In the spaces of an irreverent love?

II
Where does light reside?
In the voice of our gazes,
In the chiaroscuro of the shadows?
In the silence that occurs
Within the unspoken words?

III
Is absence like the lightness of presence?
The sound of a raging sea,
The murmur of a wind that whispers?

IV
Where does peace reside?
In the distance of the lived,
In the lightness of an instant,
Or perhaps in the sweet resignation of what is?

V
Where do the doors and windows
That open and close first reside?
Where is the memory of a sunset kept?

¿Cómo almacenamos tesoros de
Los momentos donde la gloria y la luz anidan?

VI

¿Dónde nace el amor que no desemboca en el dolor?
¿Será en el corazón que late al compás del otro,
O en la reciprocidad de los días diáfanos?

VII

¿Dónde reside la vida?
¿En el compás de la muerte?
¿En qué estación yace el amor?
¿En qué frontera del alma?

How do we store the treasures of
Moments where glory and light nestle?

VI
Where is love born that does not end in sorrow?
Is it in the heart that beats to the rhythm of another,
Or in the reciprocity of diaphanous days?

VII
Where does life reside?
In death's compass?
In what season does love exist?
In what frontier of the soul?

Los relojes de Auschwitz

I

¿Cómo habrán sido los relojes de Auschwitz?
¿Habrían relojes en la ciudad de la muerte?
¿Cómo marcaban el tiempo del sábado,
Cuando encendían en la más siniestra oscuridad
Los candelabros imaginarios?

II

Tal vez Auschwitz era una ciudad que existía sin relojes
Existía con látigos y miradas de hielo,
Donde la ternura se vestía
De duelo y calvicie.

III

Habían tan sólo ecos,
Las voces iracundas de los oficiales prohibiéndolo todo,
Hasta los relojes.
Tal vez los tatuajes recordaban a los relojes,
Como el día en que llegaron
Como el momento cuando perdieron el cabello
Como la hora donde recibieron el pan duro
Como el instante que los azotaron
Como en el momento que dejaron de recordar.
Los relojes de Auschwitz, ¿de qué estaban hechos?
¿Y qué tiempos eran ésos donde no había tiempo?

The Clocks of Auschwitz

I

What must have the clocks of Auschwitz been like?
Were there clocks in the city of death?
How did they mark time on the Sabbath
When imaginary candlesticks were lit
In the most sinister darkness?

II

Perhaps Auschwitz was a city without clocks
With only whips and frozen gazes,
Where tenderness dressed
In mourning and baldness.

III

There were only echoes,
The irate voices of officials prohibiting everything,
Even clocks.
With only tattoos recording the time,
Like the day they arrived
And the moment they lost their hair,
Or the day they received stale bread
And the instant they were whipped,
Or the moment they stopped remembering.
What were the clocks of Auschwitz made of?
And what was it like when there was no time?

IV

Tal vez los relojes de Auschwitz eran de los ojos de los muertos,
Inmóviles, temerosos relojes sin pausas y sin anhelos.
No existían relojes en Auschwitz.
Tan sólo se marcaban
Llegadas, partidas, y
La segura hora de la muerte.

V

Mientras sigo preguntándome
Cómo se medía el tiempo en Auschwitz,
La respuesta es simple.
La muerte era el único reloj en Auschwitz.

IV

Perhaps the clocks of Auschwitz were the eyes of the dead,
Immobile, fearful clocks with no pauses and no yearning.
There were no clocks in Auschwitz.
The only things recorded were
Arrivals and departures, and
The precise time of death.

V

As I continue to wonder
How time was measured in Auschwitz,
The answer is simple.
Death was the only clock in Auschwitz.

Los pasos de la muerte

Los pasos de la muerte,
Ya desvanecidos como pasos ajenos,
No aparecían entre los armarios invisibles
No lograban detener los relojes que
Presagiaban otros tiempos
Tiempos sin ira ni rencores.

Tan sólo entonces, nos quedaban
Los retazos del amor: Los hilos como
Gotas de oro, como racimos de luz.
Tan sólo buscábamos los pasos de los ángeles bondadosos,
El destello del otoño que nos escribía cartas de amor.

El tiempo de antes yacía en las horas negras
En los cabellos negros
En la hora de la muerte certera.

¿Qué guardábamos en aquel entonces?
¿Las palabras no dichas?
¿La dignidad del silencio?
¿Los espacios entre los resquicios de la luz
Donde reposábamos atentos a nuestros censurados silencios?

Guardábamos la memoria de una mano y un dedal,
Los ojos de mi madre como un campo de estrellas,
Un metrónomo abandonado en el piano mudo de mi padre.

The Steps of Death

The steps of death,
The already faded steps of others,
Didn't appear amid the invisible wardrobes
And didn't stop the clocks that
Foreshadowed other times
Without anger and resentments.

Then, all that simply remained
Were the remnants of love: threads like
Golden droplets, like clusters of light.
We only searched for the steps of good angels,
The glimmer of autumn that wrote us love letters.

The time of yesteryear lay in the dark hours
In deep black hair
In the hour of certain death.

What were we keeping back then?
Unspoken words?
The dignity of silence?
The spaces between flickers of light where
We rested attentive to our censored silences?

We kept the memory of a hand and a thimble,
The eyes of my mother like a field of stars,
The metronome of my father abandoned on the silent piano.

Y guardábamos a nuestros muertos
Para que también ellos nos guarden
En estos tiempos de desazón y sin compañía.

Los pasos de la muerte serán algún día nuestros,
Serán como los relojes que vaticinan tiempo en otros países.
En el país del Norte ahora reposo sobre lo que no conozco,
Una música inesperada llega y me deslumbra
Como cuando un desconocido me escucha
Y sin saberlo, me acompaña
Para que ya no lleve tantas muertes
A cuestas en mi desmemoriada memoria,
Para que el sol entre a mis párpados
Y la alegría me despierte como
Un gran espejo sin quebraduras
Revelando los portales de la luz
Sin engaños

And we preserved the memories of our dead loved ones
So they could save us
In these unaccompanied, disquieting times.

The steps of death will be ours someday,
They will be like the clocks that predict time in other countries.
In this northern country I now rest upon the unfamiliar, and
An unexpected music arrives, astonishing me,
As when a stranger listens to me
And without knowing it, accompanies me
So that I will not carry the burden
Of so many deaths in my waning memory,
So that the sunlight will penetrate my eyelids
And joy will awaken me like
A vast unshattered mirror
Revealing portals of light
Free of deception.

Voces desde la nada

Palabras sin voces,
Los ruidos de la niebla rondan
Sobre un bosque quemado.

Quiero pensar en la lluvia,
Dibujarla desde la ventana,
Desde los umbrales.
Una lluvia de agua fresca y dulce,
Una lluvia que emana desde la bondad del cielo.

A lo lejos, las voces premonitorias
Dicen que la primavera no llegará aún,
Que se ha postergado la luz y lo que florece.

También la tierra ha dejado el mundo,
A ése que conocíamos,
Y a veces, los pájaros huyen y a veces regresan.

Un silencio mudo
Desciende sobre el mundo,
Ni siquiera el viento habla.

La nada
Un eco sombrío
Una mirada sin ojos.

Voices from Nowhere

Words without a voice,
Sounds of mist hover over
A parched forest.

I want to think of the rain,
To sketch it from my window,
From the threshold.
A fresh and gentle rain,
A rainfall emanating from the goodness of heaven.

In the distance, a prescient voice
Says that spring will not yet arrive,
That light and all that flourishes will be postponed.

The earth has also abandoned
The world we once knew,
And the birds sometimes flee and return.

A deafening silence
Descends on the world,
Not even the wind speaks.

Nothingness
A somber echo
A gaze without eyes.

Quiero que regrese
La luz del entendimiento.
Deseo una primavera tardía,
La ilusión y el anhelo,
Horas en plenitud,
El milagro de la sinrazón.

I want the light
Of understanding to return.
I wish for a late spring,
Illusion and desire,
Bountiful days,
The miracle of not knowing.

Tristezas

I

Doloroso es desprenderse de un amor imaginario
De una noche imaginaria
De un hombre imaginario.
Pero nunca estabas.
Estabas en el silencio de las cosas ausentes
O solías recogerte como una ola herida
En un cruel silencio,
El silencio de las horas inciertas
Del olvido.

II

Aprendo a separarme.
Es una lección que nos prepara para el tiempo de la muerte,
Cuando te desprendes de los sonidos familiares,
Del amor certero,
De la memoria de tu padre siempre a tu lado.
Pero al separarte, también te llega la audaz
Liberación de lo inefable.

III

Entiendes que la paz no tiene rostros ni fronteras
Y en esa hora siempre efímera
Te reconoces en toda tu alegría.
Ni las pérdidas, ni los pequeños rencores te asedian.
Estás bañada en la luz de la gracia,

Sorrows

I

It is painful to break away from an imaginary love
From an imaginary night
From an imaginary man.
But you were never present.
You were either in the silence of absent things
Or you would lift yourself up like a wounded wave
In the cruel silence of the uncertain hours
Of oblivion.

II

I am learning to detach myself.
It is a lesson that prepares us for the time of death,
When you free yourself from familiar sounds,
From true love,
And from the memory of your father always at your side.
But while breaking away, you also receive the bold
Freedom of the ineffable.

III

You understand that peace has no face or border
And in that always ephemeral hour
You recognize yourself in all your joy.
Neither the losses nor the little resentments assail you.
You are bathed in the light of grace,

Te desprendes y llegas al país del recato,
Al país de una inmóvil belleza
Donde la música te lleva siempre
Al mismo lugar.

You let yourself go and arrive in the land of modesty,
In a land of quiet beauty
Where the music always brings you
To the same place.

Ciertos silencios

I

Ciertos silencios . . . como los que llegan con la caída de la niebla
Esa niebla que acaricia los prados con su
Fugacidad. La que se levanta inesperadamente
En silencios y en reverencias.

II

Silencios cuando el reloj de la noche descansa
Cuando escuchamos con lentitud el pasar de las horas,
Las cosas que caen en la noche,
El ruido del ramaje,
Una sinfonía de sonidos.

III

El Adagio de Albinoni nos cobija,
Cada instrumento unido por la hebra de un sólo cristal,
El silencio de los detalles
Cuando las palabras se alejan, y
Ya no nos pertenecen.

Certain Silences

I

Certain silences . . . like those that accompany the falling mist
That bathes the meadows with its
Impermanence and unexpectedly rises
In the stillness and in reverence.

II

Silence when nightfall arrives
And we listen slowly to the passing of the hours,
To the things that stir in the nighttime,
The noise of the branches in the forest,
A symphony of sounds.

III

Albinoni's adagio tucks us in,
Each instrument united by the fiber of a single crystal,
The silence of detail
When words disappear and
No longer belong to us.

En la luz de la nostalgia

Ciertos silencios. Los que sacuden nuestra voz,
Silencios que amenazan el decir de las palabras no encontradas.

Llegan a mí los silencios en las estaciones sombrías
Cuando el mar anuncia sus vestigios.
Silencios despojados de toda voz
Como la ira de los ángeles sobre las praderas,
Como la lluvia incesante y vacía de sonidos.

Silencios de los que se aman en las lejanas cercanías,
Aquellos silencios que llegan con la levedad de una pluma
De aquel pájaro azul,
El pájaro de los deseos alados.

Pienso ahora en el silencio de las casas vacías,
Como si todas las ausencias
Conjuran las estaciones perdidas y
El tiempo del desamor.

Silencio de las mujeres humildes,
Las cautivas entre las nieblas,
Las que aguardan hasta el desaparecer.

Y aquel silencio que cuenta con
Las palabras despojadas
Del ritmo de las cosas precarias.

In the Light of Nostalgia

Certain silences, like those that disrupt our voice,
Silences that threaten the utterance of undiscovered words.

The silences come to me in bleak seasons
When the sea reveals its remains.
Silences deprived of any voice
Like the wrath of the angels above the meadows,
Like an incessant rainfall devoid of sound.

Silences of those who love each other in distant proximity,
Those silences that arrive with the lightness of a feather
From that blue bird
Of winged desires.

I now think about the silence of empty houses,
As if all absences
Conjure lost seasons and
A time of heartbreak.

The silence of humble women,
Captives in the mist,
Who wait until they disappear.

And that silence that relies
On words deprived of
The rhythm of precarious things.

Ciertas palabras las que estallan en la pasión de los mudos,
Las que aclaran sobre las verdades sumergidas,
Tantas palabras que el silencio opresor las oculta.
Silencios y palabras trenzadas
En la mudez de la noche.

En un día lluvioso como la nostalgia,
Bajo la luz de la nostalgia,
Pienso en aquellos compañeros de la escuela
Que mientras tomaban café y soñaban
Desaparecieron.
También en los otros
Que nunca dijeron nada
Pero que también desaparecieron.

Certain words that explode in the passion of the silent,
Those that clarify undeclared truths,
So many words, which an oppressive silence hides.
Silences and words woven
In the stillness of the night.

On a rainy day filled with longing,
In the light of nostalgia,
I think about those schoolmates
Who were taken from the cafes
While dreaming and drinking coffee.
I also remember those who
Never said anything
But also disappeared.

El tiempo de los espíritus

I

¿En qué tiempo del instante,
En qué hora precisa
Regresan los fantasmas?
¿En qué ráfaga de luz
Los vislumbramos?

¿Entrarán por las antiguas puertas carcomidas?
¿Moverán paredes inciertas?
¿O tal vez siempre habitan
Entre nosotros?

II

Crecí en los dominios de los fantasmas.
Eran mis fantasmas
De los pequeños villorrios de Polonia,
De las aldeas en Hungría donde
Tocaban violines como un lamento.

Cuando me preguntan si creo en los fantasmas
Afirmo que sí. Han tocado a mi puerta.
Me han pedido los gestos de la memoria.
Llegan en aquella zona intermitente entre la noche
Y el siempre retorno de la luz.

III

¿En qué momento de la hora hechizada llegan
Ellos los fantasmas y nos hablan de los días innombrables?

The Time of the Spirits

I

At what moment in time,
When exactly
Do the spirits return?
In what blast of light
Do we glimpse them?

Will they pass through old, decaying doors?
Will they move through uncertain walls?
Or is it that they always
Reside among us?

II

I grew up in the realm of the spirits.
They were my spirits
From small villages of Poland
And towns in Hungary where
They played plaintive violins.

When they ask me if I believe in spirits
I say I do. They have called at my door
And have asked me to remember them.
They arrive in that intermittent zone between night
And the ever-returning light of dawn.

III

At what enchanted time do the spirits arrive
To speak to us about the unspeakable days?

Nos aguardan en la quietud de un tiempo sin tiempo,
Nos invitan a una nueva patria
A un bosque
A un atardecer
A un fulgor extraño
Donde nada nos amenaza,
Donde siempre estamos.

They wait for us in the stillness of a time without time,
They invite us to a new land
To a forest
A nightfall
A strange glow
Where nothing threatens us,
Where we always are.

Gratitud

Venían de muy lejos,
Cruzaban las enormes autopistas
De un país distante
Inmenso en su soledad.

Una vez al año
Visitaban a la familia,
También distante
Como el país.

En una mesa vestida de rojos,
Un pájaro muerto
Acompañaba este rito.
Las palabras eran escasas y alrededor de la mesa,
La bruma del silencio,
La ambigüedad del amor.

Comían a las tres de la tarde
Y a las seis emprendían
El viaje de regreso a casa.

En este año
Muchos puestos de la mesa familiar
Estaban vacíos.
Nadie hablaba de ellos los muertos.

Gratitude

They came from far away,
Crossing the massive highways
Of a distant country
Immense in its solitude.

Once a year
They visited family,
Also distant
Like the country.

On a table draped in red,
A dead bird
Accompanied the ritual.
Words were scarce and the table was surrounded
By a haze of silence,
By the ambiguity of love.

They ate at three in the afternoon
And at six they began
The return trip home.

This year
Many seats at the family table
Were empty.
No one talked about the dead.

La memoria estaba presente
En esta fiesta de la gratitud,
Pero tampoco nombraban
A los ausentes,
Y todo pasaba como siempre
Hasta el próximo noviembre.

Memory was present
At this feast of gratitude,
But the missing
Were still not named,
And everything occurred as usual
Until the following November.

Cae el silencio

Cae el silencio sobre la orilla del agua.
Desciende el silencio sobre las marejadas.

La noche se asoma al mundo que descansa de las palabras.
El silencio se asoma como si en él guardara hebras de luz.

Es este silencio que busca escucharse en la plenitud
De un mundo sin voces donde
Tan sólo en la quietud nos encontraremos.

Y es el silencio, que como un signo radiante,
Nos enseñará a cantarle al mundo.

Silence Falls

Silence falls on the water's edge.
It descends on the heavy swells.

The night looms on a world that rests from words
While the silence arrives as if it were holding strands of light.

This silence wishes to be heard in the vastness
Of a voiceless world where
We can only meet in the stillness.

And this silence, like a radiant sign,
Will teach us how to sing to the world.

Un enjambre de silencios

Llegaron los silencios
Contenidos y distantes
Como la lejanía del mar.

Me fui acostumbrando a las telas vacías,
A las paredes distantes,
A las cartas que no aparecían.

Las palabras perdieron su vivacidad y sus sonidos,
La ausencia se mezcló con el desamor,
Mientras la voz de los relojes enmudeció.

Yo ni siquiera pude preguntar o aguardar.
Me convertí en otra palabra extraviada
Que se alejó hacia el mar ausente,
Y la vida me pareció una emboscada,
Un silencio desgarrador,
Una ausencia que desembocaba a un río seco
A un tiempo de días innombrables,
A una bruma que todo lo borraba.

A Hive of Silences

The silences arrived
Suppressed and distant
Like the remoteness of the sea.

I found myself adjusting to empty canvases,
To distant walls and
To letters that didn't appear.

Words lost their vivacity and sounds,
The absence mixed with indifference,
While the clocks' voices fell silent.

I could not even ask or wait.
I became another lost word
That drifted away to the absent sea,
And life seemed to me like an ambush,
A heartrending silence,
An absence that flowed into a dry river
To a time of unspeakable days,
To a mist that erased everything.

Sombras

Densas son la sombras de este invierno.
La oscuridad viste los prados,
Los árboles que anhelan,
Y nosotros quietos, guardando silencios.
Una ventana es un augurio.

Cae la nieve como una rosa blanca que se deshoja.
Pienso en los campos abandonados y
Los judíos muertos marchando entre las escarchas.

Cae la nieve y pienso en la gente
Abandonada a orillas de todos los caminos.
También yo, perdida en la espesura de esta tarde
Donde nada y nadie se queda entre nosotros,
Como si el silencio de las cosas amadas
Fuera oculta, abandonada.

Escribo sobre la nieve.
Las palabras se disuelven.

Shadows

The shadows of this winter are dense.
Darkness clothes the meadows and
The longing trees
And us, calmly remaining silent.
A window is an omen.

Snow falls like a white rose shedding its petals.
I think about the deserted camps
And dead Jews marching through the forest.

Snow falls and I think of the people
Abandoned at the edge of the road.
I, too, am lost in the thickness of this afternoon
Where no one and nothing remains between us,
As if the silence of loved things
Were hidden and forsaken.

I write on the snow.
The words dissolve.

Nuestra herencia

¿Cuál será nuestra herencia?
¿Las historias que no se alcanzaron a contar?
¿Hablaremos con el silencio
De la historia que negamos?

¿Cómo serán los gestos y los detalles del pasado?
¿Tendrán futuros?
¿Cómo hablaremos de nosotros?
¿Diremos lo que no hicimos?
¿Nos culparemos por no haberles dejado nada
A los niños? ¿Al cielo? ¿A la tierra misma
Que es portadora de ilusiones?

¿Seguiremos pensando que igual estaremos muertos
Y que nada nos atañe?
¿Escucharemos la música de todos los días?
¿Limpiaremos el dolor con las compras?
¿No pensaremos ni en el misterio de la muerte
O de la vida?

Nada de esto nos incumbe, dirán los afortunados,
Mientras tantos tocan a la puerta.
No los podemos borrar como acostumbrábamos.
Han llegado a los portales
Sin cobija.
¿Qué haremos con los que nos recuerdan
De esa tristeza que cargan los invisibles?
¿Inventaremos nuevas palabras para deshacernos de ellos?

Our Legacy

What will our legacy be?
Will it be the untold stories?
Will our silence reflect
The history we deny?

What will the gestures and details of the past look like?
Will they have futures?
How will we speak about ourselves?
Will we talk about the things we didn't do?
Will we blame ourselves for not having left anything
To the children? To the sky? Or to
The earth full of illusions?

Will we still think we are as good as dead
And that nothing matters to us?
Will we listen to the same music every day and
Ease our grief with shopping?
Will we cease to think about the mysteries of death
And of life?

None of this concerns us, say the lucky ones,
While so many knock at the door.
We can't erase them the way we used to.
They have arrived at the portals
Without blankets.
What will we do with those who remind us
Of the sadness carried by the invisible?
Will we invent new words to get rid of them?

En ciertas noches cuando el miedo se aliviana,
¿De qué hablaremos?
¿De ese sentir inefable, de esta vida que es otra,
 De este dolor entre ambiguo y feroz?

¿Buscaremos a los espejos extraviados?
¿Cerraremos las puertas,
Y en la sordera del ahora esperaremos
En una pieza oscura
Donde antes pensábamos que estábamos a salvo
Y ni siquiera el don de las palabras nos perdonará,
Tantos olvidos,
Tantas derrotas?

¿Cómo serán los gestos del impredecible futuro?
¿Pensaremos en la bondad del azar o
De un ángel bondadoso
Que nos recogerá de los escombros?

On certain nights when the fear lifts,
What will we talk about?
Will it be about this ineffable feeling of life?
Or about this fierce and ambiguous pain?

Will we look for the lost mirrors?
Will we close all the doors,
And in the deafness of the here and now wait
In a dark room
Where we once felt safe and
Where not even the gift of language will pardon us for
So many oversights,
So many defeats?

What will the gestures of an unpredictable future be like?
Will we think about the goodness of fate or
About a generous angel who will
Rescue us from the rubble?

The Passage of Time

Los pasos del tiempo

Murmullos a la orilla del camino

En tonos bajos, la anciana
Murmuraba a la orilla del camino,
Leyendo el mundo, la noche, y el día,
Columpiándose y sonriendo
A cada sílaba.

Parecía aguardar a los que erraban de rutas.
A los extraviados,
A los que erraban de la claridad,
A los perseguidos y a los solitarios,
A los inocentes y a los dudosos.

Cuando le preguntaron por su nombre,
Les dijo que se llamaba: *Poema*
Que esperaba con paciencia las llegadas,
Consolada por la ilusión de un tiempo sin prisa.

La anciana dijo que amaba a los pájaros que comían de su mano,
Que también amaba los vientos y los relojes de arena,
La monotonía de lo que no era siempre lo mismo.
Que ella nada buscaba, pero de alguna forma
Todo llegaba a sus manos que se abrían como alas,
Como vasijas plenas.

Murmurs at the Edge of the Road

In hushed tones, an old woman was
Murmuring at the edge of the road,
Reading the world, the night, and the day,
Swaying and smiling
To each syllable.

She seemed to be waiting for
The ones who had wandered off the road.
For the lost, who had strayed from clarity,
For the persecuted and the lonely,
The doubters and the innocent.

When they asked her what her name was,
She answered: *Poema*
And said she was waiting patiently for arrivals,
Comforted by the illusion of time without haste.

The old woman said she loved the birds that ate from her hands,
That she also loved the wind and hourglasses filled with sand,
And the monotony of the unpredictable.
She said she was not looking for anything, but that somehow
Everything would find its way into her hands,
Which spread like open wings,
Like vessels of plenitude.

Pronuncio a septiembre

Pronuncio a septiembre,
Mes que se ondula y
Presagia la llegada del otoño
Cuando la oscuridad se entrelaza con
Los resquicios del sol.

Septiembre, mes donde imaginamos
La desnudez de los árboles
Un padre encumbrando volantines que se
Enredan entre el viento y el árbol.

Las victoriosas hojas que se entregan
A la tierra ocre
Las hojas más tímidas que permanecen aún
En las cúpulas altas de los árboles.

Septiembre, cuando las sombras
Se insinúan tras los ventanales,
Cuando una mujer escribe cartas perfumadas
Antes de mandarlas a través de
Los mares imaginarios.

En este mes transitorio y ambiguo,
Las playas vuelven a ser nuestras.
El mar se recoge y es libre
También nosotros oscilando y preguntándonos,
¿Quiénes seremos en el próximo invierno?

I Conjure Up September

I conjure up the month of September,
A time that ripples forth and
Heralds the arrival of autumn
When the darkness entwines itself
With the sun's rays.

September, a month where we imagine
The nudity of the trees and
A father flying kites that become
Entangled in the wind and branches.

The triumphant leaves surrender themselves
To the amber-colored earth
While the more reluctant among them remain
High above in the treetops.

September, when the shadows
Insinuate themselves behind the large windows
And a woman writes perfumed letters
Before mailing them across
Imaginary seas.

In this transitory and ambiguous month,
The seaside is ours again.
The ocean gathers and is free
While we likewise find ourselves wavering and
Wondering who we will be next winter.

¿Cómo nos desprendemos de lo que fuimos
Antes que llegara septiembre,
El mes de las ambivalencias con sus
Racimos de luz dorada emitida por duendes
Atravesando la foresta,
Trayendo mensajes del país de los muertos?

Mientras nosotros, tan inocentes como en los primeros días
Del amor y del olvido,
Recibimos todo con la luz de la gracia,
La luz diáfana del mundo que se abre y cierra
Entre nuestras manos.

How do we let go of who we were
Before the arrival of September,
This month of ambivalence with its
Clusters of golden light cast by goblins
Passing through the woods,
Carrying messages from the land of the dead?

While we, as innocent as we were in the early days
Of love and forgetfulness,
Receive everything with the light of grace,
The diaphanous light of the world that opens and shuts
In our hands.

Isla

Ella amaba a su isla.
Era pequeña como un dedal,
Abundante en las extrañezas
De todas las islas, y su cintura
Rodeada del gris y del cobalto.

Su silueta entre las brumas
Se deslizaba por los senderos del agua.
Era sola como su isla
Pero era una soledad añorada
Como un deseo azul.

Esa isla era suya y era única.
La cuidaba como se cuidan las cosas del amor,
Regando a sus árboles y plantas
Con la luz del verano.

Cantaba al anochecer a las olas
Que se retiraban para el descanso.
Sentía que no había ausencias,
Sólo las horas interminables y sin premura
Donde nadie iba a ninguna parte
Y ninguna hora era igual a otra.

En su isla no buscaba
Ni el amor, ni la cordura.
Estaba contenta de la nada y del todo.

Island

She loved her island.
It was as small as a thimble,
Bountiful in the strangeness
Of all islands and with a waist
Surrounded by gray and cobalt.

Her silhouette glided through
The mist along the water trails.
She was alone like her island
But it was a longed-for solitude
Like a blue desire.

That island was hers and it was unique.
She cared for it like beloved things are cared for,
Watering her trees and plants
In the summer light.

At dusk she sang to the waves
That withdrew for repose,
And she felt that there were no absences,
Only endless hours without haste
Where no one went anywhere
And no hour was the same as any other.

On her island she did not search
For love or wisdom.
She was content with everything and with nothing.

No buscaba nada y no deseaba nada.
Ni tenía muchas preguntas porque en esa
Soledad tan escogida,
No habían respuestas,
Tan sólo el pasar del tiempo sin ira y
El regocijo frente a los vientos del sur que
Suavizaban maderas.

En esta isla no celebraba
Aniversarios del amor
O el desamor.
El tiempo se medía ni por calendarios
ni por eventos
Sino por idas y venidas desconocidas,
Cuando su hijo la iba a esperar
Al comenzar el invierno, y
Cuando él iba a dejarla
al comienzo del verano.

Pensaba en las añoranzas del regreso.
Con sabiduría tenía el don de la paciencia,
La comprensión de la espera.
Pensaba en los árboles y las flores que
Se habían quedado dormidas frente al mar.
Pensaba en su ventana semiabierta para
Dejar entrar a los ausentes.

She did not look for or desire anything.
Nor did she have many questions because
In that chosen solitude,
There were no answers,
Only the passing of time without anger and
Joy before the southern winds that
Softened woods.

On this island she did not commemorate
Anniversaries of love
Or heartbreak.
Time was not measured
By calendars or by events but
By unknown comings and goings,
When her son was waiting for her
At the beginning of winter,
And when he would leave her
At the beginning of summer.

She thought about the yearnings of return.
With wisdom she had the gift of patience
And the understanding of expectation.
She thought about the trees and flowers that
Had remained asleep facing the sea, and
She thought about her half-opened window that
Would allow the absent to enter.

Sabía que llegaría el tiempo
Para el regreso y para la partida,
Para el brote de las primeras flores,
Y el descanso de los primeros árboles
Entregando sus hojas para el invierno.

Mientras tanto, bordaba,
Recogiendo historias.
Apuntaba memorias vividas y no vividas y
Apuntaba recetas imaginarias.

En las noches se dormía junto al mar
Que rodeaba su cintura de joven y de anciana
Porque el tiempo era tan sólo
Una memoria y un olvido,
Una isla y un mar,
Un ramo de estrellas con pétalos,
Y ella aguardando en las orillas
Con el aliento de la luz en sus manos.

She also knew the time would come
For returns and departures,
For the first flowers to bloom,
And for the repose of the first trees
Delivering their leaves for the winter.

Meanwhile, she embroidered,
Gathering stories.
She recorded lived and unlived memories and
Wrote down imaginary recipes.

In the evenings she would sleep by the sea
That surrounded her young and aging waist
Because time was just
A memory and an oversight,
An island and a sea,
A bouquet of stars with petals,
While she awaited on the shore
With the breath of light in her hands.

Pronuncio palabras

I

Pronuncio palabras en la noche.
Al desprenderse y separarse, las invoco.
La memoria ilumina instancias. Es audaz y frágil.
Atesoro la instancia del recuerdo:
Mamá y yo explorando geografías. Su mano generosa,
Asoleada junto a la mía . . . Me dice que
Encontraremos universos,
Me ha enseñado a recoger el sol y las estrellas
En la mano que sujeta al mundo.

II

Ahora me desprendo de su mano. Es ella la niña
Confundida, perdida entre las horas, jugando con
La arena que también traviesa, se desliza entre los recuerdos.
La madre se hizo pequeñita como un dedal, y
La hija aprendió sobre el pasar del tiempo,
Que la vejez es también el regreso a una infancia extraviada,
A un recuerdo tan frágil como un segundo.

III

Me desprendí de mi casa en la costa de Chile,
Esa casa de piedra que me sorprendió con su propia imaginación,
La casa donde llegaban visitantes de lejos y
Decían que querían cambiar el mundo.
La casa que estaba casi al final del mar,

I Pronounce Words

I

I pronounce words at nightfall.
As they break away and separate, I invoke them.
Memory illuminates instances. It is daring and fragile.
I treasure the moment of recollection:
My mother and I exploring landscapes. Her generous
And sundrenched hand next to mine . . . She tells me
We will encounter universes,
While she teaches me to gather the sun and the stars
In my hand that holds the world.

II

At this moment I let go of her hand, and she becomes
The confused child, lost in the hours playing with
The sand that also whimsically slips between memories.
The mother became small like a thimble, and
The daughter learned about the passage of time,
That old age is also a return to a lost childhood,
To a memory as fragile as a second.

III

I left my home on the Chilean coast,
That stone house that surprised me with its own imagination,
The house where visitors came from far away and
Talked about wanting to change the world.
The house was almost at the end of the sea,

Ese mar que se desprendía para adentrarse a los cerros vecinos,
Ese mar que yo perdí y que me acompaña en los destierros
En las travesías errantes.

IV

Dejamos la casa de piedra, que estaba en un país que amo
Como se aman las cosas de la ausencia.
En mi tan sólo habita la ausencia,
Todo lo que fue y lo que no será,
Las cosas arrebatadas, las cosas perdidas.
Tengo el alma de un náufrago
Que todo lo añora.

The sea that parted to enter the neighboring hills,
The sea I lost and that accompanies me in my exiles
And wandering journeys.

IV
We abandoned our stone house in the country I love
In the same way absent things are loved.
Only absence dwells in me,
Everything that was and that will not be,
Things snatched away and forgotten.
I possess the soul of a castaway
Who longs for everything.

Quédate un poquito

Quédate un poquito.
Aún el pan está tibiecito
En nuestras manos.
Quédate un poquito.
El vino tiene rostro de noche.
Es un vino que nos escucha,
Que conversa.

Quédate un poquito.
Cuéntame de ti y
De tu pasado en los países
De la guerra,
Y yo te contaré de mis temores
Como los trenes que sollozan a medianoche.

Quédate conmigo.
Qué corto es el amor, decía Neruda,
Qué largo es el olvido. Imagino que te digo
Que si uniéramos el amor y el olvido
Tendríamos un mantel de secretos.

Quédate conmigo.
La noche transita en silencio
Y estamos quietos,
Como cuando imaginábamos a ser jóvenes.

Stay a While

Stay a while.
The bread is still warm
In our hands.
Stay a while.
The wine is deep like the color of night.
It is a wine that listens,
That speaks.

Stay a while.
Tell me about yourself and
About your past
In war-torn countries,
And I will tell you of my fears
Like trains that weep in the middle of the night.

Stay with me.
How short life is, said Neruda,
How long is oblivion. I imagine telling you that
If we joined together love and oblivion
We would have a tablecloth full of secrets.

Stay with me.
The night moves in silence
And we remain quiet,
Imagining our youth.

Quédate un poquito.

Juguemos a que no somos vistos.

Juguemos a que nos acompañamos.

¿Y si me tomaras la mano?

¿Y si me bordaras

Con un beso el corazón?

Quédate un poquito.

Escuchemos las ráfagas del tiempo que no perdura.

Debemos creer en su bondad.

Quédate conmigo.

Juntemos palabras.

Bebamos un vino que nos refugia.

Cuéntame de tu país,

De tu primer amor.

Quédate un ratito mientras la noche pasa.

Todo pasa, también nosotros.

Stay a while.
Let's pretend we are not seen.
Let's pretend we accompany one another.
What if you were to take my hand
And embroider my heart with a kiss?

Stay a little.
Let's listen to the gusts of fleeting time.
We should believe in its goodness.

Stay with me.
Let's join words together
And drink a wine that will shelter us.
Speak to me of your country
And of your first love.

Stay a bit while the night flows on.
Everything passes, even us.

Dos historias

Siempre hay dos historias,
Una la que empieza y
La otra la que termina.

Siempre dos miradas,
Una hoja que cae desnuda a la tierra gélida y
Una hoja que se llena de las urdimbres de un invierno.

Dos noches,
Una para escuchar los relojes de la oscuridad y
Otra para detenerlos.

Dos silencios,
El que amenaza con la violencia del no decir
Y el que está sosegado como si hablara.

Hay dos tús,
El que se acerca y dibuja palabras en la mirada mía,
Y el que sólo habla sin voz, eligiendo
El alfabeto de los gestos ausentes.

Hay dos amores,
El de una presencia que se brinda y
El de una ausencia que desgarra.

Hay dos mares,
El del vaivén, y
El que se retira.

Two Stories

There are always two stories,
One that begins and
One that ends.

Always two gazes,
A leaf that falls naked on the frozen ground and
A leaf that is parched by winter's cold.

Two nights,
One for listening to the sounds made by clocks in the darkness and
Another for stopping them.

Two silences,
One that threatens with the violence of not telling
And one whose calmness comes from speaking.

There are two of you,
One who approaches and draws words in my gaze,
And one who remains voiceless, choosing
The alphabet of absent gestures.

There are two loves,
One of a presence that gives and
One of an absence that tears apart.

There are two seas,
One that is stormy and
One that is calm.

Hay dos corazones,
El que late agitado,
Y uno que es sereno, como un mar dulce.

Hay dos palabras que conjuran melodías.
Una que es oscura y
Otra que es clara,
La que se acerca para el decir,
Y la que se aleja en el no decir.

Hay tan sólo aquí una historia,
La dulzura del tiempo.

There are two hearts,
One that beats fast
And one that is serene, like the sweet sea.

There are two words that conjure melodies.
One is dark and
One is clear,
One approaches to speak,
And one moves away in silence.

There is just one story here,
That of the kindness of time.

Los dominios extraviados

He vivido entre dominios extraviados,
Entre dos idiomas, sus pausas
y sus inquietantes silencios.
He vivido entre dos mares,
Uno gris y apacible
Y el otro mar, lleno de espuma radiante.

He vivido en dos solsticios,
El del hemisferio norte
Donde la noche nos vigila,
Y el del sur
Con sus dulces inviernos.

En este solsticio oscuro de las noches oscuras,
Busco en la página blanca del espectral invierno,
Palabras nuevas y vertiginosas.

Lost Dominions

I have lived between lost dominions,
Between two languages, their pauses
And their disturbing silences.
I have lived between two seas,
One gray and serene
And another full of radiant foam.

I have lived in two solstices,
That of the Northern Hemisphere
Where the night watches over us,
And that of the south
With its sweet winters.

In this somber solstice of dark nights,
I search for new and breathtaking words
To fill the pages of this spectral winter.

Calendarios

No podría haber sido antes,
Cuando nuestros cuerpos se asemejaban
A la luz del sol, en un verano
De salvajes y fugitivas pasiones
Cuando nuestras manos transitaban
Bajo la ilusión de este amor
Inocente en su fe, pero igual, cauteloso
Ante los cuerpos que apenas se rozaban.

No podría haber sido cuando ya con el caminar seguro,
Cuando la vida nos otorgaba obsequios compartidos con otros
Cuando vivíamos sin saber que vivíamos entre nosotros
Cuando las cenizas de las guerras nos cobijaban
Y tú llevabas todas las huellas de la muerte en un rostro fracturado.

Pero fue ahora,
Cuando tenía que ser
Cuando la luz de tus ojos siempre está en las mías
Cuando no te veo y te veo siempre
Cuando me rozas con una palabra
Cuando el cuerpo tan sobrio se llena de pájaros que recuerdan
Tan sólo este día.

Este tiempo del amor que es tan sólo nuestro,
Como el secreto que se esconde en el dedal
O esa luz clara de la noche más oscura
Que llega desde una casa lejana
Donde te siento y rozo tu cabello.

Calendars

It couldn't have been before,
When our bodies resembled one another
In the sunlight, during a summer
Of wild and fugitive passions
When our hands moved
Under the illusion of a love that was
Innocent in its faith, but still cautious,
Before bodies that barely grazed each other.

It couldn't have been when we already felt secure,
When life granted us gifts to share with others
When we lived without knowing that we were living among ourselves
When the ashes of wars sheltered us
And you bore all the marks of death on your disfigured face.

But it was now,
When it had to be
When the light of your eyes is always in mine
When I don't see you and see you always
When you graze me with a word
When the body is so sober it fills with birds that remember
Just this day.

This time of love that is only ours,
Like the secret hidden in a thimble
Or the clear light in the darkest night
That arrives from a distant house
Where I feel your presence and rub your hair.

Un fino velo blanco

Un fino velo blanco rodea a la tierra
Como si la abrazara.
El invierno canta sin palabras.

Piensas en los relojes en la casa de tus abuelos
Cuando todo se detenía, y escuchabas
El aliento de la noche, con
Su fina humedad entrando
En la placidez del sueño.

Ahora vives en un puerto donde
El mar se llena de nieve.
Te has acostumbrado a este paisaje.
Lo recibes con gratitud.

Te has acostumbrado a las huellas
Del silencio que sella tus labios,
También a los gestos de la ausencia,
La invisibilidad de lo que amas y al que amas,
Como también la tristeza que se asoma al borde de la noche
Que se acerca a ti como una hoja muerta.

Un fino velo blanco te rodea,
Una luna fugitiva te acompaña
Como los pasos de tu padre muerto,

A Fine White Veil

A fine white veil encircles the earth
As if it were embracing it.
Winter sings without words.

You think about the clocks in your grandparents' house
When everything was still, and you listened
To the night wind, with
Its delicate moisture entering
The placid realm of dreams.

Now you live by a harbor where
The sea fills with snow.
You have grown accustomed to this landscape
And receive it with gratitude.

You have adapted to the impressions
Of the silence that seals your lips,
As well as to the gestures of absence
And the invisibility of what and whom you love,
Like the sadness that appears at the edge of night
And approaches like a dead leaf.

A fine white veil surrounds you,
A fugitive moon accompanies you
Like the footsteps of your dead father,

Que regresa para acompañarte
En esta estación donde el mundo se desnuda,
Donde las flores se apagan y
Esperas en la soledad de la noche
En la oscura soledad del alma.

Who returns to be with you
In this season when the world undresses,
When the flowers fade away and
You wait in the solitude of the night
In the dark loneliness of the soul.

La niebla

I

La niebla danza y cabalga
Desnuda a las sombras.
Mora en el corazón de las hojas,
En el vientre de las aguas movedizas.
Vuela bajito para revelar lo infinito y lo pequeño,
Lo que apenas se ve con la mirada del corazón.

II

En un instante ella, la niebla,
Hace desaparecer todas las huellas.
En otro instante, todo lo recobra:
La presencia de lo sagrado y
La llegada de los calendarios ofreciendo el tiempo extraviado.

III

Me refugio en ella, mi niebla añorada,
La que a mí también me oculta.
Es tibia la niebla que se posa
En el lado izquierdo de mi corazón,
Acariciándome todo y susurrando
Que no hay pesares ni olvidos.

IV

Nada le cuento a mi niebla, pero
Sin embargo, todo lo sabe.
La niebla y yo como los espejos

The Mist

I

The mist dances and swirls
Nude amid the shadows and
Dwells in the heart of the leaves,
In the womb of moving water.
It sails high to reveal the infinite and the small,
What is barely seen with the heart's gaze.

II

In an instant the mist
Makes all traces disappear.
In yet another instant, it recovers everything:
The presence of the sacred and
The arrival of calendars offering lost time.

III

I find refuge in my longed-for mist,
Which hides me and rests
Warmly on the left side of my heart,
Caressing me and whispering
That there are no regrets or omissions.

IV

I don't share anything with my mist, but
Nevertheless, it knows everything.
The mist and I are like mirrors

De una misma alma,
La musa de mis palabras.

V
Cuando intento buscarte entre la niebla
Porque te pareces a todo
Lo que es oculto,
Nada de ti encuentro,
Ni siquiera la voz de tu mirada.

Of the same soul,
The muse of my words.

V
When I try to look for you in the mist
Because you resemble all
That is hidden,
I don't find you,
Not even the voice of your gaze.

Encuentros

Tal vez un día nos encontraremos
En una ciudad lejana donde nada,
Ni nosotros pertenecemos,
En una ciudad plasmada de relojes
Y de un orden insólito.

Nos saludaremos como dos extraños,
Ajenos a ese tiempo de antes,
Donde nos mirábamos y
Nos entendíamos sin decirnos,
Donde tan sólo tú y yo conjugábamos al mundo.

Encounters

Maybe we will meet some day
In a distant city where nothing belongs,
Not even us,
In a city shaped by clocks
And unusual order.

We will greet one another like two strangers,
Outsiders of that earlier time,
Where we looked at and
Understood each other without speaking,
Where only you and I conjured up the world.

El mundo que deseamos

I

Tal vez ahora pensaremos en el mundo que deseamos
Y en los otros que no lo pueden imaginar.
¿Lo que éramos ha quedado rezagado en el olvido
Entre las palabras que nos aprisionaban?

II

Tal vez ahora nos saludaremos con cariño.
Una vecina abrazará al cartero que le trae noticias
De aquellos mudos que imaginaba enterrados,
Y una lágrima la visitará
Cuando se imagina su casa, su puerta azul
En un país donde todo parecía mirar al mar.

III

No es tan difícil imaginar una felicidad humilde,
Una fe diáfana.
¿Pensaremos estas noches
En los que tienen hambre?
¿En la anciana que se murió sola?
¿En el joven encontrado muerto en un río seco?

IV

Esta es la única hora posible,
El futuro de este ahora.
No vale la pena convencer
A los que nunca han visto a los otros.

The World We Desire

I

Perhaps now we might think about the world we desire
And about others who cannot imagine it.
Has the way we were remained in oblivion
Amid the words that would keep us hostage?

II

Perhaps now we will greet one another with tenderness.
A neighbor will embrace the mailman who brings her news
Of the silent ones she imagined buried,
And she will shed a tear
When she imagines her house with the blue door
In a country where everything seemed to gaze at the sea.

III

It is not so difficult to imagine a humble joy,
A transparent faith.
In the evenings will we think
About those who are hungry?
Will we think about the old woman who died alone
And of the young man found dead in the dry river?

IV

This is the only possible time,
The future of the now.
It is not worth convincing
Those who have never seen the others.

V

Este es el tiempo de las pequeñas felicidades
Un beso en la mejilla al amanecer
Un té de limón acompañado, con un amigo
Que recién comprendes.

VI

Quiero volver a imaginar el mundo
Con la audacia del amor.
Tocar a tu puerta
Porque todas las puertas serán para abrirse,
Y me recibirás con la grandiosidad
De los que aman y sufren.
Ya nadie estará tan solo como antes,
Mientras nos preguntamos sobre
el mundo que nos aguarda.

V

This is the moment for brief joys like
A kiss on the cheek at daybreak or
A cup of lemon tea shared with a friend
Whom you now understand.

VI

I wish to reimagine the world
With the audacity of love.
To knock on your door
Because every door will be ready to be opened,
And you will receive me with the magnificence
Of those who suffer and love.
No one will be alone as before,
As we wonder about
The world that awaits us.

Penélope

I

Penélope se cansó del arte de la espera,

De repetir los mismos gestos frente al telar de su desquicio.

No quiso sentir la noche como un espectro de las ausencias.

II

No quiso conversar con el mar y preguntar por los regresos.

Su cuerpo le dolía no del desamor,

Sino de aguardar lo que no llegaría.

Penélope se cansó de dar disculpas,

De convencer a Telémaco que

También practicara el arte de la paciencia.

III

Penélope se cansó de amar.

Las que aman son las que esperan.

Se cansó de las señales y los gestos,

De mirar a los pájaros lejanos,

De asomarse a la noche y

Esperar una misiva de su llegada.

IV

La paciencia y la bondad del tiempo se descosieron,

Se quebraron en el espejo de la historia.

El telar se quedó suspendido en el vacío de las noches,

En la mentira de sus días.

Penelope

I

Penelope grew tired of the art of waiting,

Of repeating the same gestures before the loom of her madness.

She didn't want the night to feel like a specter of absences.

II

She refused to speak with the sea and ask about return voyages.

Her body hurt not from the loss of affection,

But from waiting for what would not come.

Penelope grew tired of apologizing,

Of convincing Telemachus that

He too should practice the art of patience.

III

Penelope grew tired of loving.

Those who love are those who wait.

She grew tired of signs and gestures,

Of gazing at distant birds

And peering out into the night

Hoping for news of his return.

IV

The persistence and goodness of time unraveled

And broke in the mirror of history.

The loom remained suspended in the starkness of nightfall,

In the deceits of the day.

¿Qué era nuestro?

¿Habrá sido esa ciudad la nuestra,
O todas ellas las ciudades
Eran los atuendos de la infancia?
¿Habríamos salido los domingos
A los almuerzos de familia
Cuando el tiempo transcurría
Entre historias invisibles,
En lo que no se decía?

¿Y cómo se medía el tiempo
En la mudez de las palabras,
En el vacío de ellas o en la plenitud de lo inefable?
¿Eran esos gestos del alfabeto ciertos?

Y el mar, ¿era ése que nos contemplaba
Desde la lejanía, cómo a una ciudad extraviada?
¿Éramos ajenos al mar o parte de su inquietante textura?

Y cuando nos llegó el primer amor,
¿Era inocente esa costumbre
De elegir un paseo junto al mar?

¿Aquellos comienzos eran nuestra
Adolescencia ofuscada y vacilante
Entre el silencio y el placer,
Cuando jugábamos en la pieza oscura de Enrique*
Donde el aire era tan perverso como dulce?

What Was Ours?

Could that city have been ours,
Or were all those cities
Part of the attire of our childhood?
Would we have gone out to family dinners
When the time would pass
Between invisible stories
And what was not said?

And how was time measured
In the silence of words,
In their emptiness or in the fullness of the ineffable?
Were those gestures of the alphabet certain?

And the sea, was it the one that contemplated us
From a distance, like a lost city?
Were we outside of the sea or part of its eerie texture?

And when we felt our first love,
Was that custom of choosing
A walk by the sea innocent?

Were those the beginnings of our
Adolescence, blurred and vacillating
Between silence and pleasure,
When we played in Enrique's dark room*
Where the air was as perverse as it was sweet?

¿Cuánto de aquella frágil memoria fue nuestra?

¿O tal vez todo yacía en imaginar lo que no teníamos?

¿Desear lo que añorábamos?

¿Buscar en los otros lo que ya conocíamos en nosotros?

¿Fue entonces la adolescencia

El comienzo del saber y el no saber,

Con el impromptu de las horas hechizadas o

Con los sueños de una vieja partitura de piano que no se tocaba?

¿Pretendíamos a ser un corazón inquieto?

O, ¿éramos tan sólo los recuerdos de un día en la costa,

De un poema verde, de una palabra azul,

De un beso como una ola fugitiva?

Tan sólo recuerdo el día en que huimos

Y las ciudades que abandonamos.

No fue mi elección dejarlo todo,

Dejar a esa ciudad con un balcón frente al puerto,

O mi memoria como una trenza de cenizas a la deriva.

Y cuando yo te pienso, no sé

Si eres un faro abandonado,

Un muelle en la oscuridad del oleaje, o

Un alga olvidada en la arena donde todo se borra,

Como una historia de amor que es banal y efímera.

¿Qué era realmente nuestro?

¿Los ritos de la muerte?

How much of that fragile memory was ours?
Or did everything lie in imagining what we did not have?
Desiring what we longed for?
Looking for in others what we already knew about ourselves?

At that time was adolescence
The beginning of knowing and not knowing,
With the spontaneity of an enchanted hour or
With dreams of an unplayed piano score?
Did we pretend to have restless hearts
Or were we simply memories of a day at the coast,
Of a green poem, a blue word,
A kiss like a fugitive wave?

I remember only the day we fled
And the cities we abandoned.
It was not my choice to leave it all behind,
To leave that home with a balcony facing the harbor,
Or my memory like a braid of ashes adrift on the sea.

And when I think about you, I don't know
If you are an abandoned lighthouse,
A pier in the darkness of a tidal surge, or
A forgotten piece of seaweed on the sand where all is erased,
Like a love story that is short-lived and banal.

What was really ours?
The rites of death?

¿Nuestros abuelos muertos?
¿O el sentir de la lejanía del alma
Como una embarcación a la deriva
Donde nadie salía al encuentro,
Donde ni siquiera la bondad del tiempo nos esperaba?

*Inspirado por el poema "La pieza oscura" del poeta chileno Enrique Lihn

Our dead grandparents?
Or sensing the distance of a soul
Like a ship adrift
Where no one came out to greet us,
Where not even the kindness of time waited for us?

*Inspired by the poem "The Dark Room," by the Chilean poet Enrique Linh

Sanctuaries

Santuarios

Certezas

Entre las certezas de lo incierto,
Estamos aquí,
Un pan en una mesa sencilla,
Una nostalgia de lo que fue.

Dos cuerpos que se entrelazan en el refugio de la noche.
Entra la risa por las puertas clausuradas.
De pronto escuchamos los pájaros.
¿Han regresado a casa los pájaros?

Certainties

Among the certainties of the uncertain,
We are here,
A loaf of bread on a simple table,
A nostalgia for what once was.

Two bodies entwined within the sanctuary of the night.
Laughter enters through the closed doors.
We suddenly hear the birds,
And wonder if they have returned home.

Como el corazón que habla

Siempre la noche como el corazón que habla como si naciera de una semilla que florece en la oscuridad. ¿Hubiera querido la noche ser cielo? ¿El cielo hubiera querido ser mar? La noche marca caminos de los que sólo se ven en las tinieblas. La noche me da una llave que reposa en mis manos abiertas que se visten de hojas color sepia como palabras que se buscan.

Me acerco a la noche y a sus bosques. Cada árbol es una historia y un nacimiento. Emprendo vuelo. Soy cielo y soy noche. Me acerco a lo que no conozco. Siento que nada y todo pasará.

De pronto una casa de piedra aparece. Una mesa de madera. Una pluma y un papel. Camino por la noche de imágenes. Busco recuerdos. Busco alegrías. La oscuridad se desvanece. El viento me acompaña y salgo al encuentro del decir. Escribo sobre la noble madera. Escribo un canto de la noche y de pronto la luz entra por el umbral del alma.

Like a Beating Heart

Like a beating heart, the night blooms perpetually as if it were born from a seed bursting through the darkness. Would the night have wanted to be the sky? Would the sky have wanted to be the sea? The night marks the way of those who see only one another in the shadows. The night gives me a key that rests in my open hands, covered in ochre-colored leaves that are like words searching for one another.

I approach the night and its forests. Each tree possesses a story of its own birth and life. I take flight. I am the sky and the night. I approach the unfamiliar. I sense that nothing and everything will happen.

Suddenly, a stone house appears. A wooden table. A feathered pen and a sheet of paper. I travel through a night filled with images. I search for memories and happy moments. The darkness fades. The wind accompanies me, and I go out to find words. I write on the noble wood. I compose a nighttime song, and suddenly the light pierces the threshold of my soul.

En el corazón salvaje de la noche

I

En el corazón salvaje de la noche,
Cuando duermen los relojes y
El mar se recoge para entrar en su quietud,
Es entonces, cuando el silencio
Es un horizonte que susurra.

II

En esta oscuridad,
Se oye un sonido suave
Que a veces tiembla
En el lejano follaje.

III

En el medio del bosque,
Alguien toca el chelo y
Los muertos se asoman,
Lamentando todas las ausencias.

In the Wild Heart of the Night

I

In the wild heart of the night,
When the clocks sleep and
The sea retreats and grows calm,
Then, silence becomes
A horizon that whispers.

II

In the darkness,
A faint, quivering sound
Echoes through
The distant foliage.

III

In the middle of the forest,
Someone plays the cello and
The dead appear,
Lamenting all absences.

Cae la lluvia

Cae la lluvia sobre el mar dormido. Inquieto se despierta. Al escuchar el copioso ritmo del agua del cielo, el mar se llena de una copiosa placidez. Desciende la lluvia sobre el mar, y me visto de palabras.

The Rain Falls

The rain falls on the sleeping sea. Restless, the sea awakens. As it receives a copious flow of water dripping from the sky, it is filled with an abundant tranquility. The rain descends on the sea, and I cover myself with words.

Las palabras

I

Las palabras estallan,
Se acercan, y nacen
De la ambigüedad del amor y del odio.
Aquellas palabras bondadosas que acarician
Y aquéllas que ofuscan nacidas
En el vértigo de la sinrazón.
Las palabras de la guerra:
Calculadoras, cretinas, y desquiciadas.

II

Las palabras que se saben acompañar,
Las que se juntan y forman una corona de estrellas.
Las palabras que tan sólo residen en la soledad,
En las cosas que no se pueden decir.
Aquellas palabras que no pueden decir,
Pero tampoco ocultan.

III

Sobre la página esplendorosa pongo las palabras.
A veces las sonoras quieren vivir con las mudas
Y las mudas quieren hablar.
¿Cómo acomodarlas?
¿En qué lugar de una página residen?
¿Cómo las acompaño?
¿Anoto las temibles con las nobles?

Words

I
The words burst open,
They approach and are born
From the ambiguity of love and hatred.
Kind words that caress
And others that obfuscate and are born
In the vertigo of delirium.
Words of war:
Calculating, foolish, and unhinged.

II
Words that know how to accompany,
That join together and form a crown of stars.
Words that solely reside in solitude,
In things that cannot be said.
Words that cannot reveal
But also cannot hide.

III
I place words on the luminous page.
Sometimes the audible ones
Wish to live with those that are silent,
And the silent ones wish to speak.
How does one accommodate words?
Where do they belong on the page?
How do I accompany them?
Do I place the fearful and the noble ones together?

¿Rescato las victoriosas
Para unirlas a las distantes?

IV
Las palabras, las acomodo entre mis manos.
Las pronuncio y
Les busco el aliento.
Me enamoro de sus tibiezas.
Las arropo, las cobijo, y
Me las llevo al aposento
De mi alma.

Do I rescue the victorious ones
To unite them with those that are distant?

IV
I arrange the words in my hands.
I pronounce them and
Search for encouragement.
I fall in love with their warmth.
I wrap them up, give them shelter, and
Carry them to the chamber
Of my soul.

Presencias

I

Todo en aquel mar era presencia . . . el oleaje insistente . . . la sal del agua como una constante. Nada en el mar era efímero. Audaz entre mis manos, sentía que el mar me esperaba.

II

En aquel mar tu mirada se desvanecía como una bruma que reposaba sobre las aguas. Una bruma que lo disolvía todo, que confundía el contorno del alma. Una mirada que ya había huido . . . y también de mí se alejaba como se alejaban los pájaros insomnes.

III

A veces te escucho hablando del mar o tal vez es tan sólo un recuerdo. A veces tu voz escondida guarda el silencio del mar cuando se recoge. A veces te escucho hablando del mar y tu voz se aleja como si fuera una isla errante y sin regreso. Y a veces te siento hablándome del mar, pero es un recuerdo antiguo como las viejas postales que llegan a un destinatario ya muerto.

IV

A veces eres el recuerdo del mar o una isla silenciosa escondida tan al fondo del agua donde tan poco de ti queda que yo he dejado de buscarte.

V

La luz del mar es la luz del cielo que trepa hasta conversar con las estrellas hechas de polvo y agua.

Presences

I

Everything in that sea was presence . . . the heavy surf . . . the persistent saltwater. Nothing in the sea was ephemeral. Bold in my hands, I felt the sea waiting for me.

II

In that sea your gaze faded like the mist that rested upon the water. A mist that dissolved everything and blurred the contours of the soul. A gaze that had already fled . . . and also turned away from me like the flight of sleepless birds.

III

Sometimes I listen to you talking about the sea or perhaps it is only a memory. Sometimes your hidden voice holds the silence of the sea when it moves away. Sometimes I listen to you talking about the sea and your voice drifts away as if it were a wandering island with no return. And sometimes I sense you talking to me about the sea, but it is an old memory like postcards that reach a recipient already dead.

IV

Sometimes you are like a memory of the sea or of a silent island hidden in the depths of the water where so little of you remains that I have stopped searching for you.

V

The light of the sea is the light of the sky that climbs until it can talk with the stars, which are composed of water and dust.

Una calle sin rumbo

Una calle sin rumbo, una ciudad vacía.
Alguien se asoma en el balcón.
De pronto, en la luz sombría
Se enciende una lámpara.
Dos hermanas conversan en el techo,
Una pareja se acompaña con la luna,
Una anciana parece hundirse en el recuerdo.
Camino a tientas, sin temores.
Me acompaña mi aliento y mi voz.
La poesía se asoma mientras camino, y
Yo existo en el eco de mis palabras.
Esta noche en mi vecindario
Todo es familiar y ajeno
Como el gris de la latente oscuridad.
Y entre las sombras,
Este instante parece un siglo.
El tiempo es más largo
Las calles más largas
El tiempo nos ampara.
Tan sólo mis pasos
Y una luz incierta
Me aguardan.

A Dead-End Street

A dead-end street, an empty city.
Someone looks out from a balcony.
Suddenly, in the dimness
A light turns on.
Two sisters talk on a rooftop,
A couple is accompanied by the moon,
And an old woman remembers the past.
Without fear, I walk alone.
My breath and my voice accompany me.
Poetry enters my thoughts, and
I exist in the echoes of my words.
Tonight, in my neighborhood
Everything is familiar and foreign
Like a veiled darkness.
And between the shadows,
This instant seems like a century.
Both time and the streets
Seem longer.
Time becomes a refuge.
Only my restless steps
And the uncertain light
Accompany me.

Refugios

I

Un despertar tibio.

El sol se ha posado en tus ojos mientras

Los grillos se acercan con sus sonidos victoriosos.

II

Un anochecer entre los sonidos de la lluvia sobre los tejados

De las casas de piedra

Donde se congregan los hechizos

Y las palabras se confunden con la lluvia.

III

Los días que transcurren en la lentitud

Cuando el tiempo es bondadoso,

Cuando los vecinos se saludan y

Hay tiempo para el té con

Un pan desnudo.

IV

Un tiempo donde todos se saludan sin conocerse y

Los viejos de la peluquería sonríen

Mientras que la nobleza del viento recoge

Sus cabellos cortados.

V

Un día donde te llega una carta de un pariente lejano

No sabes si está vivo o muerto.

El correo no tiene días ni años,

Shelters

I

A warm awakening.
The sun has settled on your eyes,
which flutter to the sounds of chirping crickets.

II

A sunset amid the sound of falling rain on the rooftops
Of houses made of stone
Where spells congregate
And words are confused with the raindrops.

III

Days that pass slowly
When time is generous,
When neighbors greet each other and
There is time for tea with
A simple loaf of bread.

IV

A time when everyone greets strangers and
Old-timers smile in hair salons
While the noble wind gathers
Their scraps of hair.

V

A day when a letter arrives from a distant relative
Who might be dead or alive.
The mail is timeless,

Simplemente toca a la puerta,
Sonríes, y tienes en tus brazos una historia por oír.

VI
Tu casa que siempre te aguarda,
La de la puerta azul,
Para espantar al mal de ojo y
Recibir a los buenos espíritus.

VII
Tu casa. Tu refugio.
El jardín secreto de tu
Imaginación
Donde tan sólo estás
Y alguien te espera.

VIII
Las campanas de tu colegio
Anunciando el despertar del saber,
Las campanas de la iglesia donde tú
Ibas acompañada de las criadas que
Te cuidaban y tenían miedo por ti
Porque eras judía.
Y el cura del pueblo te bendecía y te rociaba
Con agua bendita.

It simply knocks at the door, and
You smile and hold in your hands a story to be heard.

VI
Your house with the blue door
That always waits patiently for you
To scare away the evil eye
And receive the good spirits.

VII
Your house. Your refuge.
The secret garden of your
Imagination
Where only you reside
And someone waits for you.

VIII
The bells of your school
Announcing the awakening of knowledge,
The bells of the church where you went
Accompanied by the maids who
Took care of you and feared for you
Because you were Jewish.
And the town priest who blessed you and
Sprinkled you with holy water.

IX

Cuando tu abuela escapó de Viena,
Los vecinos no la vieron huir tan al amanecer.
Llevaba un vestido de rojo para ir a una fiesta.
Más allá del mar la esperaba otra vida,
Las bondades de una nueva geografía,
Un idioma clarividente.

X

Me refugio yo en la palmera de tu casa Helena Broder*.
La misma que tú mirabas desde
El balcón del hemisferio sur.
Aquí todos los pájaros del sur regresan,
Hacen nido y
Me reconocen.
Abrazo a la palmera como a ti,
Y aunque no estás
Una tibieza me envuelve.

XI

Refugios en los amores imaginarios y los reales,
En los que se han ido,
En los barcos del olvido,
O en los relojes a destiempo.

XII

Igual has sentido y por un momento
Has palpado la felicidad de lo desconocido,

IX

Or the time when your grandmother escaped from Vienna
Wearing a red party dress.
The neighbors didn't see her flee so early in the day.
Beyond the sea another life awaited her,
The kindness of a new geography,
A clairvoyant language.

X

I take refuge in the palm tree of your home, Helena Broder*.
The same one you would look at from
Your balcony in the Southern Hemisphere.
All the birds from the south return here.
They make nests
And recognize me.
I hug the palm tree as if it were you,
And although you are not here
A warmth surrounds me.

XI

Shelters in imaginary and real loves,
In those that have gone away,
In the vessels of oblivion,
Or in clocks that fail to keep time.

XII

You likewise have felt and for a moment
Have grasped the happiness of the unknown,

Como el abismo del deseo,

Refugios recuerdos donde nadie nos espera, y

Donde la única añoranza es la paz de tu soledad.

Recuerdas cuánto has amado

Y recuerdas que no todos se despidieron de ti,

Pero tú de ellos, sin rencores ni exigencias.

XIII

Refugios en las palabras bendecidas,

Las que tienen el don de la prudencia,

Las que no castigan,

Las perdonadoras.

Refugios en una primavera tardía pero que llega

Como un leve susurro.

*Helena Broder era la bisabuela materna de Marjorie Agosín.

Like the abyss of desire,

Remembered harbors where no one waits for us, and

Where the only yearning is the peace of your solitude.

You remember how much you have loved

And how not everyone said farewell.

But you hold no hard feelings or demands.

XIII

Sanctuary in the blessed words

That possess the gift of prudence,

The ones that do not punish

But forgive.

Sanctuary in a late spring that arrives

Like a slight whisper.

*Helena Broder is Marjorie Agosín's maternal great-grandmother.

Añoro palabras

Añoro palabras y las acaricio mientras
Ellas laten junto a mí,
Pero cuando las busco,
Se desvanecen
Y termino muda.

Tan sólo me quedo con el sabor
De una memoria y
De las palabras no dichas.

I Yearn for Words

I yearn for words and embrace them while
They pulse next to me,
But when I search for them,
They vanish
And I end up voiceless.

I just keep the taste
Of a memory and
Of unspoken words.

Un país azul

Yo me tuve que ir de mi país azul y
Seguí a mis padres entristecidos,
Frente a tantas huidas.
Crecí entre las nieblas,
Crecí esperando cartas de un país que
También había desaparecido,
Y así me fui construyendo una historia que se parecía
A la mirada azul de una niña que imagina.

Me rodeé del mar delirante.
Busqué encontrarme con el viento y
Dibujé la silueta de ellos, de los que se habían ido,
Encontrándolos en mis palabras.
Pero no busqué a los vivos que tan sólo miraban como
Pequeños cómplices el delirio de una maldad.

No sé si pude ser o si soy feliz.
Vivo en una tierra inventada,
En un país que no existe.
Pero en las noches
Siento que llego a él,
Que cruzo cordilleras
Y que recupero todo lo que perdí.

Desde un día lluvioso,
Se agudizan la memoria y la nostalgia.
No sé en qué país vivo,

A Blue Country

I had to leave my blue country
And follow my parents, saddened
By so many departures.
I grew up surrounded by mist,
Waiting for letters from a country that
Also had disappeared,
And this is how I constructed a story
About a girl with a blue gaze who imagines.

I surrounded myself with a raging sea.
I sought to meet the wind and
I drew the silhouettes of those who had departed,
Finding them in my words.
But I did not search for the living, who only appeared as
Minor accomplices in the delirium of evil.

I don´t know if I could be or if I am happy.
I live in a land of invention
In a country that does not exist.
But in the evenings
I feel like I am getting closer to it,
That I cross mountain ranges
And recover all that I lost.

On a rainy day,
Memory and nostalgia are sharpened.
I do not know which country I live in,

El sur o el norte.
Cuando llegué a él
Ya era otro
Porque yo era otra.

Y para rescatar las lágrimas secas,
Escribo un poema.
Siento su silencio entre las líneas,
Y en él lo descubro todo,
Pero yo soy la ausente.

The south or the north.
When I arrived here
It was already another
Because I was another.

To rescue my dry tears,
I write a poem.
I feel your silence between the lines,
And in it I discover everything,
But I am the absent one.

Veranos en Quisco

Íbamos al cine de Quisco
Incrustado como una pequeña joya
Salvaje y humilde, entre las montañas
Y el Pacífico desaforado.
A veces, el mar entraba por las ventanas quebradas
Y se sentaba con nosotros.
Éramos siempre los mismos,
Los que íbamos al cine porque
Sabíamos leer los subtítulos de las
Películas extranjeras que a menudo
Llegaban atrasadas como los periódicos.

Vivimos así, leyendo lo que pasó ayer,
Contando lo que pasaba días atrás,
Como las señoras que se vestían de fiesta
Los domingos, mirando películas de hace muchos años
Con los recién nacidos en sus brazos.

Todo en aquel pueblo y en aquel cine
Transcurría con la lentitud de la poesía.
Viví cerca del mar en Quisco,
Comprando para mi padre los periódicos del domingo,
Conversando sobre el febril estado del mundo
Y las guerras lejanas.

Vivíamos felices, sin prisa
En casas pequeñas pero abundantes en visitas.
Conocíamos a nuestros vecinos,

Summers in Quisco

We used to go to the cinema in Quisco,
Which was embedded like a small jewel,
Wild and humble, between the mountains
And the unbridled Pacific Ocean.
At times, the sea would enter through the broken glass
And nestle with us.
We were always the same ones,
Those who went to the movies because
We knew how to read the subtitles of
Foreign films that often
Arrived late, like the newspapers.

We lived this way, reading about what happened yesterday,
Talking about what happened days before,
Like the women who dressed up
On Sundays, watching movies from long ago
While holding newborns in their arms.

Everything in that town and in that cinema
Transpired with the slowness of poetry.
I lived near the sea in Quisco,
Buying the Sunday newspapers for my father,
Talking about the feverish state of the world
And about distant wars.

We lived happily and comfortably
In houses that were small but full of visitors.
We knew our neighbors,

Y desde las ventanas rotas
Nos despedíamos cada noche y
Nos saludábamos cada mañana.

Aún recuerdo cuando se permitía el don de imaginar,
Y solía yo conversar a solas con los personajes de las películas
Y con los que yo inventaba.
Nadie me decía que era una niña loca;
Todo lo contrario, se interesaban
Por lo que yo imaginaba.

Y así nació en mí el don de las palabras,
Las que unía como un collar,
Las que recitaba en las noches de luna llena
Y un mar rosado.

Fui tan feliz en el Quisco
Donde nada pasaba.
Nacían bebés y
Se morían los ancianos contentos,
Esperando una taza de té.

Y yo vivía soñando poemas y contando
Aquellas películas a los que
No podían ir al cine, y luego
A mi abuela que era sorda y mágica.

And from the cracked windows
We said good-bye every night
And greeted one another every morning.

I still remember when the gift of imagining was allowed,
And I used to talk alone with the characters in films
And with ones I invented.
No one told me that I was a silly girl;
On the contrary, they were interested in
All that I imagined.

And this is how the gift of words was born in me,
The ones I joined together like a necklace
And recited on nights with a full moon
And pink sea.

I was so happy in Quisco
Where nothing happened.
Babies were born and
Old people died content,
Waiting for a cup of tea.

And I lived dreaming about poems and talking
About those films to the ones
Who could not go to the movies, and later
With my grandmother who was deaf and magical.

Ahora al pensar en el cine de aquel pueblo,
Me lleno de la gratitud de la inocencia
Por aquel mundo que no se ha ido,
Que está en la fragilidad de mi memoria,
En el mar sentado entre nosotros.

Now as I think about the cinema of that town,
I am filled with the gratitude of innocence
For that world, which has not gone away,
Which exists in the fragility of my memory,
In the sea that rests between us.

Mis padres salían de paseo

Mis padres salían de paseo cuando la tarde jugaba a ser violeta.
Recorrían la sinuosa costa del Pacífico y se miraban
Con la serenidad del tiempo, la tolerancia de los años compartidos,
Y sus manos entrelazadas como una vieja postal
De un balneario europeo después de la guerra.

Manejaban con lentitud, se detenían a contemplar
Las puestas del sol y el oleaje diáfano y salvaje.
Les gustaba pasear en silencio con la mirada hacia la costa,
De pronto se interrumpían con las palabras de la costumbre
Que también eran las palabras del amor y de confianza.

En ellos existía una contenida alegría
Pero sé que se amaban
Con la lentitud de los atardeceres cuando
El mar se recoge y descansa.

Ahora soy yo la que paseo con mi esposo por
La costa del Atlántico oculta entre las sombras.
Los dos miramos también en silencio,
Los atardeceres y las brumas.
Nos parecemos a ellos, mis padres,
Amándonos en silencio y
En la bondad del tiempo que nos acompaña.

A veces veo a mi padre entre el oleaje
Cuando la luz del sol es un fulgor centellante.

My Parents Would Go for a Drive

My parents would go for a drive when the afternoon sky turned violet.
They would travel along the Pacific Coast and look at each other
With the serenity of time, the tolerance of a shared life,
Clasping hands like lovers on old postcards from
European resorts after the war.

They drove slowly, stopping to contemplate
The sunsets and the diaphanous, wild surf.
They enjoyed walking in silence while gazing at the coast,
Suddenly interrupting one another with customary words
That were also words of love and trust.

They possessed a happiness that was restrained
But I know they loved one another
With the calmness of a setting sun
Over a serene and peaceful sea.

Now I go out for drives with my husband along
The Atlantic Coast hidden amid the shadows.
In silence, we watch
The sunsets and the fog
Just like my parents,
Loving one another in silence and
In the kindness of time that accompanies us.

Sometimes I see my father amid the surf
When the sunlight is a dazzling radiance.

A veces veo a mi madre mirar con elegancia y ternura
Con sus ojos violetas, con su mirada lejana.
Tal vez no comprendí todo lo que se decían,
Pero ahora soy yo la que se repite en sus gestos,
La que contempla los labores de la memoria
Y el mismo mar que llega a todos los mares.

And there are times I see my mother looking elegantly and tenderly
With her violet-colored eyes and distant gaze.
Perhaps I didn't understand everything they said to each other,
But now I am the one who repeats their gestures,
The one contemplating the work of memory
And the same sea that reaches all seas.

Los muertos me visitan

I

En esta noche invisible,
En esta noche de la memoria,
Los muertos me visitan.
Regresan a mí y los escucho
En un tiempo sin tiempo.

Llegan en la oscuridad con sus pasos livianos,
Tienen un caminar dulce y
Pisan con cuidado las hojas color sepia mientras
Llegan hasta mi en el momento en que más los aguardo.

II

Se sientan al borde de la cama.
Alrededor de ellos el aire se aliviana,
El paso de la niebla se desvanece,
Todo en ellos es invisible.
Tan sólo el alfabeto de sus gestos resplandece.

Nada de lo visible es nuestro,
Me hablan sin voz y sin palabras.
Empiezo a sentir que
Son los ángeles de la compañía
De la misericordia de los vivos.

III

No les pregunto cosas,
Ellos a mí tampoco.

The Dead Visit Me

I

On this invisible night,
On this night of memory,
The dead visit me.
They return to me and I listen to them
In a time without time.

They arrive in the dark with their light steps,
Possessing a gentle walk and
Treading with care on the sepia-colored leaves as
They approach me at a time when I most await them.

II

They sit down at the edge of the bed.
The air becomes light around them,
The passing of the mist fades,
Everything in them is invisible.
Only the alphabet of their gestures glows.

Nothing visible is ours,
They speak to me without words.
Now I understand that
They are the angels of mercy
That accompany the living.

III

I don't ask them things,
They don't question me either.

Hablan un lenguaje de plumas y de algas.
Hablan de lo que no se dice,
Como el tiempo osado del amor.

IV

Aunque no distingo sus rostros,
Tienen sus manos húmedas y
Llevan el olor a la lluvia.
Los veo en la oscuridad,
En el claro oscuro de las sombras.

V

Están en el silencio de todas las historias.
Están en los recuerdos del futuro,
En la memoria de los días claros
Cuando conversábamos
Junto a los limoneros.

VI

He aprendido a esperar sus llegadas,
Cuando empiezo a escucharlos y
A entender lo incomprensible.

They speak a language of feathers and algae.
They talk about the unspoken,
Like the reckless time of love.

IV
Although I can't make out their faces,
Their hands are humid and
They carry the smell of rain.
I see them in the darkness,
In the twilight of the shadows.

V
They exist in the silence of every story.
They are in the recollections of the future
And the memory of clear days
When we would talk
Next to the lemon trees.

VI
I have learned to wait for their arrival,
When I begin to listen to them
And grasp the incomprehensible.

La casa del verano

I

La casa de maderas trenzadas por el sol
Nos aguardaba en el umbral
De los vertiginosos silencios,
Guardando su olor a lluvias y a musgo espeso,
Mientras sus paredes húmedas lloraban
Como las mujeres que esperan
El regreso de los hombres,
De los que cruzan el mar
En la noble pasión del oleaje.

II

En aquel invierno,
Cuando el mundo perdió sus nombres y sus palabras,
Cuando la única persistente certeza
Era nuestra desconfianza,
Cuando las manos inquietas se deslizaban
Juntas a otras manos y
Dejaron de encontrarse,
Nos buscábamos con temor
Entre las nieblas de los días
Y la severidad de la noche,
Intentando amarnos en las sombras
Mientras algo más allá de nosotros
Nos acechaba.

The Summer House

I

The house of wood braided by the sun
Awaited us at the threshold
Of vertiginous silences,
Storing her smell of rain and thick moss
As her damp walls wept,
Like the women who wait for
The return of men
Who cross the sea
In the noble passion of the waves.

II

That winter,
When the world lost its meaning and its voice,
When the only enduring certainty
Was our uncertainty,
When restless hands that slipped
Between other hands
Ceased meeting one another,
We timidly looked for each other
Amid the daylight mist
And the harshness of the night,
Trying to love one another in the shadows
While we were haunted by
Something beyond us.

III

Acabamos de vivir una guerra incierta,

Guardados en casas carcomidas

Por el desconcierto de los días y

Por una enfermedad que crepitaba en el anonimato

Entre los tiempos extraviados,

Mientras añorábamos la casa del verano,

La que se refugiaba en el medio de los bosques,

La que añoraba la dulce luz del amanecer y

Los racimos de estrellas que deambulan por el cielo.

IV

Pensaba yo en aquella casa y

En mi corazón intrépido,

Como un ardiente verano.

Sólo quería regresar a ella y

Besar los antiguos portones de su propia alma,

Los que olían a jazmín

Y una primavera temprana.

V

Llegó el verano,

Y la casa nos volvió a invitar.

Nada escondía, ni siquiera a sus muertos

Que habían vivido en ella.

Vestida de azul nos aguardó

Con la fragancia del mar cercano,

III
We had just lived through an uncertain war,
Harbored in houses decayed
By the turmoil of the days and
By a sickness that crept in the anonymity
Of an unknown time,
While we longed for the summer house
Sheltered in the middle of the forest,
Yearning for the sweet light of dawn and
The clusters of stars that wander through the sky.

IV
I thought of that house and
Of my fearless heart, which was
Like a blazing summer.
All I wanted was to return to her,
To kiss the ancient gates of her soul,
Which smelled of jasmine
And an early spring.

V
Summer arrived,
And the house invited us back.
She hid nothing, not even the dead
Who had lived in her.
She awaited us dressed in blue
With the fragrance of the nearby sea,

Con la luz de sus estrellas amadas, y
Con la claridad del ahora.

VI
Abrazada por la tierra,
Extendió sus alas y nos dijo:
Vengan. Aquí no hay temores ni olvidos.
Soy la casa del verano
Donde la vida y la muerte se deslizan,
Donde llega la luz generosa y sencilla,
Y la música de todos los vientos
Aguarda las pisadas de los ausentes
Y de los que se atreven a soñar
Con reparar el mundo.

With the light of her beloved stars, and
With the clarity of the now.

VI
Embraced by the earth,
She extended her wings and said:
Come. Here there are no fears or forgetfulness.
I am the summer house
Where life and death glide by,
Where the simple and generous light arrives,
And the music carried by the wind
Protects the footsteps of the absent
And of those who dare to dream
Of repairing the world.

La quietud

La quietud viste nuestros días.
El calendario aprende a marcar
Nuevas fechas postergadas,
Cumpleaños celebrados en un quizás,
Entierros ocultos, y
Pactos de la desmemoria.

Nos acompaña la paz de los días tristes.
No sentimos ni nostalgia ni nuevos rencores.
Todo se vuelve una gran pausa.
El mar también reposa sobre nuestra mirada.

No pensamos en los milagros pero
En el tiempo de los milagros,
Donde los que van a morir
Podrán estar acompañados
De una mano tibia y generosa,
Donde los que han vivido
Un encierro en cuartos de atrás y
En la penumbra sin ilusiones
Podrán salir a sus estrechos balcones.

La quietud vestirá nuestros días.
Tal vez seremos más agradecidos,
Más cuidadosos con nuestras palabras,
Más tiernos con los árboles,
Más contempladores de la luz del cielo abierto
O de una mariposa que se anuncia inesperada.

The Stillness

The stillness covers our days.
The calendars learn to mark
Recently deferred dates,
Postponed birthday celebrations,
Hidden burials, and
Pacts with oblivion.

The peace of melancholy days accompanies us.
We feel neither nostalgia nor new resentments.
Everything turns into a great pause.
The sea also rests in our gaze.

We don't think about miracles but
Of a time of miracles,
Where those who are going to die
Will be able to be accompanied
By a warm and generous hand,
Where those who have lived
A quarantine in backrooms and
In a dim light without illusions
Will be able to go out on their narrow balconies.

The stillness will cover our days.
Perhaps we shall be more grateful,
More careful with our words,
Gentler with the trees,
More reflective of the light streaming from an open sky
Or from a butterfly appearing out of the blue.

Acknowledgments

In these uncertain times, I am grateful for my family, who continues to inspire and nurture my creativity. I thank my friend and colleague Celeste Kostopulos-Cooperman for her brilliant translations and dedication to her craft. I also thank Carolyn Miller for her superb editing, and Terry Ehert, a friend who is also a visionary poet and editor in her own right. And finally, I wish to acknowledge my dear friends who have supported my work through the years: Jacqueline Abramian, Harout Dersimonian, Mirko Petric, Karen Poniachik, Ignacio Lopez Calvo, Mark Bernheim, Ruth Behar, Vivianne Schnitzer, Domnica Radulescu, Barbara Mujica, Ellen and Paul Shapiro, Jennifer Lyons, Eugenia Kayser, Alison Ridley, Christoph Houswitchska, Carlos Vega, Karen Frederick, Hugo Kraus, Inela Selimovic, Samuel Shats, and Cristian Montes.

—Marjorie Agosín

About the Author

Marjorie Agosín is a Chilean American poet who writes in Spanish, her native language. She is also a human rights activist and the Andrew Mellon professor of the Humanities at Wellesley College. Her work has been inspired by the causes of social justice and human rights. In addition to her numerous collections of poetry, Agosín has written young-adult novels, memoirs, and anthologies promoting international women writers. Among her many distinctions, she has been honored by the American Library Association with the Pura Belpre Award for her novel *I Lived on Butterfly Hill*. She has also received the Gabriela Mistral Medal, the Chilean government's Medal of Honor for Lifetime Achievement, a Fulbright fellowship, the Jasper Whiting award for travel, and the United Nations Leadership Award for Human Rights.

ABOUT THE TRANSLATOR

CELESTE KOSTOPULOS-COOPERMAN is a professor emerita of Spanish and Latin American Studies at Suffolk University in Boston. Her translations of Latin American women's poetry have appeared in numerous publications, including *Agni, Harper's, The Michigan Quarterly Review,* and *The Massachusetts Review.* She has translated six books of poems by Marjorie Agosín, including *At the Threshold of Memory: Selected and New Poems; Secrets in the Sand: The Young Women of Juárez;* and *Circles of Madness/Círculos de locura: Las madres de la Plaza de Mayo,* for which she received the American Literary Translation Award.

Sixteen Rivers Press is a shared-work, nonprofit poetry collective
dedicated to providing an alternative publishing avenue for
Northern California poets. Founded in 1999 by seven writers,
the press is named for the sixteen rivers
that flow into San Francisco Bay.

SAN JOAQUIN • FRESNO • CHOWCHILLA • MERCED • TUOLUMNE
STANISLAUS • CALAVERAS • BEAR • MOKELUMNE • COSUMNES
AMERICAN • YUBA • FEATHER • SACRAMENTO • NAPA • PETALUMA